beBit

藤井保文
YASUFUMI FUJII

JOURNEY SHIFT
PREREQUISITES TO SURVIVING
IN THE DIGITAL SOCIETY

ジャーニーシフト
デジタル社会を生き抜く前提条件

N 日経FinTech

日経BP

はじめに
体験中心の時代、生き抜くための視点を

　本書には、昨今の世界の先進事例やWeb3などの新しい潮流を踏ま
え、アフターデジタル本シリーズの著者による新コンセプトを記して
います。日本は「デジタル後進国」と言われることが増え、だんだん
と社会全体に危機感が広がっている中、「自分にできることは何か」
を考えた結果、新たなコンセプトが必要だと感じ、それを1冊の本に
まとめました。

　少し前は「DX」（デジタルトランスフォーメーション）の大ブームで、
『アフターデジタル』（2019年、日経BP）で示したデジタル前提の社
会に注目が集まり、その後に発行した『アフターデジタル2』（2020
年、日経BP）、『UXグロースモデル』『アフターデジタルセッションズ』
（2021年、日経BP）といったシリーズ書の中で「UX」（ユーザーエ
クスペリエンス：顧客体験）や「体験価値」の向上が重要になると提
案してきました。しかし、DXで立ち往生し、まだ成果も、場合によっ
ては方向性さえも見いだせていない企業が多い中、新しいテクノロジー
のバズワードがどんどんと出てきています。

　例えば、シェアリングや社会課題解決、OMO（Online Merges
with Offline）やスマートシティー、SDGs（Sustainable Development
Goals：持続可能な開発目標）やパーパス、D2C（Direct to
Consumer）やコミュニティー、さらにはWeb3、NFT（Non-Fungible
Token：非代替性トークン）、メタバースに至るまで、さまざまな用
語やテクノロジーが目まぐるしく登場し、以前はITチームが「デジ

タル系だろ」とウェブまで任されるケースがよく見られましたが、今はDXチームが「テクノロジー系だろ」とWeb3やメタバースを管轄範囲に置くことをよく目にします。

とはいっても、自分たちが取り組むべきことではないような言葉や考え方もたくさんあり、何を切り離し、何を取り入れればよいのか判断が難しいところです。変化の時代、情報も多くなる中で、私たちはどこに軸足を置いて、そうした変化にどのように対処すればよいのか、頭を抱えている方も多いのではないでしょうか。

著者である私、藤井保文は、株式会社ビービットというUXのトータルソリューション企業で、CCO（チーフコミュニケーションオフィサー）と東アジア営業責任者という役割を担っています。台北、上海のビジネスを見ながら、その他の地域を含めたUXまたはビジネス・カルチャーの最先端知見や事例を集め、それを方法論や視点としてまとめ、CCOとして世の中に発信する役割です。

私自身、海外でビジネスをする方々とお話しする機会や、世界の状況を学ぶ機会が多く、そうした知見をもってUX志向のDXや、アフターデジタルUXの企画や実装をしていることもあって、外から日本を俯瞰しやすい動きをしています。さまざまな議論や実践を通して、

「今の世界はこんな潮流の中にいるのではないか」
「その中で日本が遅れているのはこれが理由なのではないか」
「とはいっても日本にもまだこんな可能性があり、こんな観点を持って取り組めば進化できるのではないか」

2

といった「社会の共通項」のようなものが見えてきた感覚があり、それを形にして知見として伝えたい、という思いが生まれてきました。その思いが本書のベースとなっており、新たな世界の潮流から道具として使える視点の提供や、情報の再整理を通じた社会の見方の提示、「不確実で変化の多い社会に軸足を置く支援ができるのではないか」と考えて、出版するに至りました。

プレイリストは誰のものか

Netflixドラマシリーズで、音楽配信サービス「Spotify」の創業物語を一部フィクションで描いた『ザ・プレイリスト』の第3話に、以下のようなシーンがあります（大きなネタバレではありませんが、「自分が見る前に知りたくない！」という方は読み飛ばしてくださいね）。

Spotifyが音楽レーベルから楽曲の使用権を取得するために、マネタイズするビジネスプランを立てなければならない、という状況に立たされます。各話、異なる登場人物の視点から誕生秘話を描くこのドラマの第3話は、弁護士のペトラの視点から描かれます。音楽レーベルとの契約の在り方に悩まされ、マネタイズプランも含めて考えることになるのですが、創業社長のダニエルは「絶対に有料化はしない」とマネタイズプランそのものを断固拒否します。とあるタイミングで真珠と思われるペトラのネックレスがばらばらになったときにふと思い立ち、急に主要メンバーを集めて、「ここにあるビーズでネックレスを作りましょう」と言い始め、ビーズとひもを配ります。

ペトラはまず黄色やピンクなど1色のビーズでネックレスを作り、「1つの色で統一されたネックレスはアルバムで、一つひとつのビーズは楽曲よ」と例えながら、自分は単調なネックレスが嫌だと言ってそれ

をばらばらにし、さまざまな色のビーズを使ったネックレスを作り始め、他のメンバーもそれにならってネックレスを作り始めます。

　創業者のダニエルは「何が言いたいんだ」とけげんな表情で状況を見守ります。

　マーケティング担当のソフィアが作ったネックレスを見たペトラは「すごいわ、このネックレス。いろんなアルバムの名曲が集まっている」「でもごめん、このネックレス切るわね」と言って切ろうとしますが、ソフィアは嫌がり「返して」と言います。なぜ返してほしいのかと聞くと、「私が作ったすてきな『リスト』だから」とソフィア。それを見て、「あら、あなたが作ったの？」「確かに、世の中に1つしかない、個人的で特別なものよね」とペトラは得意げに言います。

　このネックレスを音楽のプレイリストに見立てて、「何時間もかけて作ったプレイリストを持ち続けることができるなら、ユーザーはお金を払うはず」「音楽を検索して聴けるというカタログのような機能はダニエルの言うように無料でいい」「でも、自分だけのプレイリストを作る機能はプレミアム版として有料にしても、これにはみんなお金を払うわ、どうする？」

　しばらくの沈黙の後、ダニエルは「よし、分かった」と言い、そのプランを採用することが決定します。フィクションを交ぜたドラマなので、本当にこんなふうに決まったかどうかは定かではありませんが、曲の選択や曲順変更をし、それをプレイリストとしてまとめてくれるというSpotify有料版機能の起源を表現しています。

　このシーンは、本書で示したいことの一端を、せりふ回しも含めてきれいに描いたシーンであるといえます。世の中の技術進化には、「利便性の進化」と「意味性の進化」の２つがあります。

　利便性とは「不便を解決すること」であり、オープンに共有する考え方が重要です。まさにSpotify無料版で、あらゆる音楽がオープンにシェアされてその場で聴けるようになり、CDやファイルにアクセスしなくてもよくなります。

　一方の意味性は「自分らしさや自分にとっての特別さを追求すること」であり、クローズドに所有される考え方が重要です。こちらはSpotify有料版で、昔からカセットテープ、CD-R、MDなどで行われてきたことです。「自分のセンスや好みを詰め込んだリスト」は自分だけの特別な作品なので、友人にプレイリストをシェアして聴いてもらうことも含め、お金を払ってでも手元に置いておきたくなります。

「ジャーニーシフト」の全体像

　本書は、このようにさまざまな変化がある中で、よりどころにするための確かな視点や考え方のフレームを提示し、判断基準の道具にしていただくための本を目指しました。先ほどの『ザ・プレイリスト』で例に挙げた有料と無料の差も、「利便性は共有され、意味性は所有される」という考え方によって整理できますし、同様に「ではパーパスは？　Web3は？」といった疑問が湧いてきた際にも答えられる枠組みの提示になっていると思います。

　では、本書の全体像を示しておきましょう（**図表0-1**）。

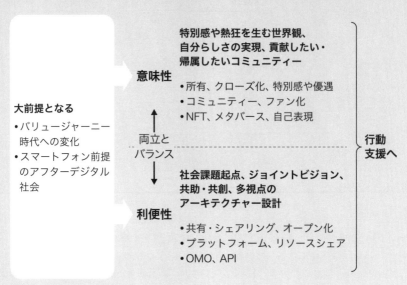

図表0-1　本書の内容
出所：筆者

　この図の右側にある「行動支援へ」というのが、タイトルにもある「ジャーニーシフト」の本質であり、本書で一番強調したいポイントです。

　ジャーニーという言葉は5年前と比較すると一般的に使われるようになってきたように感じますし、UXや顧客体験の話もかなり伝わるようになってきた実感があります。一方、誤解が多いとも感じています。例えばUXは、UI（ユーザーインターフェース）と一緒に語られ、デザインや使いやすさのみの話だと思われてしまうことがあります。それと同様にジャーニーという言葉も、みんなでアイデアや課題を付箋に書いて、それらしいステップに貼り付けて完成するもののように捉えられるケースがあります。それでは、チームのみんなで合意したり、打ち手を時系列に沿って理解したりすることには使えても、本質

的な時代の変化を捉えた「ジャーニー」にはなっていないと考えます。

「ジャーニーシフト」とは、顧客提供価値が時代によって変質したことを示した言葉です。一文で示すと以下のようになります。

顧客提供価値が、「モノや情報の提供」「瞬間的な道具としての価値」から、ありたい成功状態を実現させ、行動を可能にさせる「行動支援」に変わっている。

これは言い換えると、「ユーザーにとって何かしらの行動やアクションを可能にしていなければ、企業として何の価値もない時代」になってきているということでもあります。自分の中でどれだけ受け止め、理解したり解釈したりしても、世の中に対して発信や貢献をし、社会やコミュニティーに干渉しないと、あまり意味がない。

昔は「提供する側」と「受け取る側」とに世界が分かれていたわけですが、今や誰でも発信できるし、アクションしやすい時代になっています。自分のブランドを立ち上げてECをつくって決済の仕組みを整備するのも、ブランドのウェブサイトを自分一人でつくるのも、プラットフォームやSaaSを使えば一瞬でできます。

そうなると社会環境として、「アクションしない」ことが怠慢に見えて、「本当にそう思っているならなんですぐに行動しないの？」「本当にこのコミュニティーが好きなら、なぜ貢献しないの？」と解釈されるケースも生まれてきます。逆に「本当はもっといろんな形で貢献したかったけど、それを発露するはけ口がなかった」という場合においては、企業やサービスなどが発露する先を与えてくれたり、行動を

可能にしてくれたりすることで、今までできなかったことが実現可能になる、ということもありえるでしょう。

多くの企業は変革を推進するものの、こうした「提供価値のDX」を実現できず、業務のDXにとどまり、新たな時代への対応ができていない状況にあるのではないかと考えています。そこで本書では、まずは世の中の変化を見渡し、意外と知られていない世界の動きや事例を通して、理解のための素材や道具を集めてから、改めて「ジャーニーシフトとは何か」という話に戻る構成にしています。

本書の構成

第1章「新興国からデジタルの未来を学ぶ時代」では、東南アジア、特にインドネシアに焦点を当て、今起きている地殻変動、新たなデジタル社会の在り方について、事例を中心に語っています。一般の消費者の日常はもちろんのこと、インドネシア社会を支える配達ドライバーやパパママストア（家族や個人が経営する地域に根付いた雑貨店や屋台など）の個人事業主の仕事も、驚くほどデジタル化されています。さらに、デジタルだけでなくリアル接点での戦いをどのように組み合わせていくかが重要であることが示されており、社会をより良くする際のリアリティーが垣間見られます。

第2章「新たな社会リーダーシップとジョイントビジョン」では、東南アジアに見た学びを昇華させ、北欧発のジョイントビジョンというリーダーシップや、日本の共助型地方創生に話題を広げていきます。こうした事例や思想に触れながら、社会のペインポイントを解消し、それをなるべく開かれた形で協力していく方法を説明します。「社会課題解決」を掲げる企業が多い中、あまり実態がないと感じている方、

きれいごとのように感じている方、またはどうしても日本のペインポイントを見いだしにくいという方にとって、特に発見が多い章かもしれません。

　第3章「Web3がもたらす意味性の進化」では、利便性と意味性を対比しながら、この2つを混同して使ってしまうことによる落とし穴に触れ、さらに日本社会においても価値を生み出しやすい「意味性」における世の中の進化として、Web3に触れます。Web3の文脈で登場する新技術によって、より自分らしい生き方の実現、ライフスタイルや思想への賛同、自分の居場所をつくっていくような体験づくりがより強化されていることを、事例を踏まえて語っていきます。Web3はまだ新しい流れであることもあり、まだその存在に懐疑的だったり、理解が追いついていなかったりするケースもあると思いますが、「UX・体験をつくる」という観点でなるべく分かりやすく、基礎的なところから解説しています。

　第4章「行動支援の時代：行動実現を支援してくれないものに、もはや価値はない」では、いよいよ「ジャーニーシフトとは何か」について説明していきます。世の中の変化を見渡してみると、UXの重要性が高まっており、それによってビジネスの原理も大きく変わっていることが分かります。その上で「顧客提供価値の変化」がなぜ起きているのか、それがどのような変化で、行政や企業などのサービス提供者がどのように活動を変えなければならないのかを示します。特に重要な「行動支援」については、利便性と意味性に分けて解説します。

　最終章となる第5章「ジャーニーシフトに必要な視点と思考法」では、全体を通して学んできた考え方に対して、「どのような視点や考

え方を持って自らの活動に生かせばよいか」を語っていきます。ここでは日本の事例なども踏まえながら、「顧客から見た、つながり続けたい理由」を問い直すことの重要性から、日本においてどのように社会ペインを見つけるのか、どのように価値の再定義を行うのかといったポイントを解説していきます。最後には「なぜ日本がわざわざこうした考え方に合わせて変わっていかなければならないのか」を、歴史的な観点から日本の特徴を踏まえて語っていきます。

　私個人の思いとして、UXの視点が欠けていることや、UXに対する勘違いによって、日本のビジネスが受けている損失は非常に大きく、特に海外企業と比べて足りない観点であると感じています。例えば、大企業がDXの一環としてデジタルサービスを始めるとき、「どれだけIDを確保できたか」「どれだけの人にダウンロードされたか」を追ってしまう傾向があります。しかし、ユーザーから得たデータを分析し、改善して課題を解決し、サービスを成長させていく「グロースハック」という言葉をつくったショーン・エリス氏は、「25％以上の人が、このサービスが明日なくなったら非常に困るという状態になるまでは、そのサービスを成長させても逆効果である」と言います。言い換えると、満足な体験が提供できていないのにユーザー数やダウンロード数をKPIとしているサービスは、「『価値がない』と感じる人を、必死にお金をかけて増やしているようなものである」ということになります。

　UXという言葉をそのまま世の中に打ち出しても、前述の通り、特に日本ではUI/UXとセットで認識されてしまい、DXの本質であり、提供価値の在り方を決める重要な概念だということがなかなか伝わりません。本書では、改めてUXという言葉を強く打ち出すのではなく、少し異なる表現で、ジャーニーをつくっていくことの重要性とその本

質を伝えようとしています。

　社会UXの向上を目指し、その時々で自分らしい選択肢を選べる
UXにあふれた社会づくりをしようとする方々のお力になれることを、
切に願っています。

目次

はじめに　体験中心の時代、生き抜くための視点を 1

プレイリストは誰のものか

「ジャーニーシフト」の全体像

本書の構成

第1章　新興国からデジタルの未来を学ぶ時代 17

1-1　東南アジア諸国に先行されつつある日本 18

東南アジア諸国の現在

デジタルを使って独自課題を解決

1-2　日常のすべての距離をゼロにするスーパーアプリ「Gojek」 24

知ったつもりになっていた、インドネシアの雄

Gojekは模倣スーパーアプリなのか

本質は「ドライバーにいろいろ頼める」こと

深刻な社会ペインは「交通渋滞」

成功の秘訣は「優秀なドライバー集団」の育成

送金の仕組みがなくとも、創意工夫で解決する

“地上戦”から“空中戦”へ

1-3　社会を支えるドライバーたちのニューノーマル 35

銀行口座を持たない人のための新たな金融

ドライバーエコノミーのための福利厚生

頑張れば稼げる仕組みで競わせる

競合「Grab」が描く未来のドライバーの生活

1-4　サプライチェーンに潜む社会ペイン解決 43

パパママストアが抱える「サプライチェーンのブラックボックス」

EC企業の思い「弱い存在のキオスクがいかに稼げるようになるか」

キオスクをアップデートする「Warung Pintar」

1-5　人間的なデジタルアップデート 53

中国とは異なる、リアリティーある変革

「ストリートスマート」なアプローチ

第2章 新たな社会リーダーシップとジョイントビジョン 57

2-1 環境の違いを超えて、インドネシアから何を学ぶか 58

インドネシアと日本の対比

日本の社会ペインを抽出する

社会ペイン起点OMO事例「フーデリックス」

2-2 「協調領域」とは社会ペインの発掘と解決 64

日本は社会ペインを発見し、解決できているのか

縦割りの日本、横串のインドネシア

支払い用QRコードも横串プラットフォームに

競争領域と協調領域

2-3 ジョイントビジョン：
「きれいごと」がビジネスで通用するOMO時代 72

MaaSの父からのメッセージ

「顧客視点」では届かない、「社会起点・生活起点」の重要性

2-4 共助と協調による社会UX向上 77

共助はビジネスの要請

社会アセットのリソース共有

第3章 Web3がもたらす意味性の進化 83

3-1 「利便性」と「意味性」の違いを見極める 85

2つのレイヤーに分かれる価値

新興市場と成熟市場、それぞれとの相性

利便性は共有され、意味性は所有される

交ぜてしまうと痛い目に遭う利便性と意味性

3-2 Web3とアフターデジタル 95

Web3によるインターネットの本質的な変化

Web3が成功するためのトークン循環サイクル

利便性は共有され社会共通資本をオープンに加速する

意味性は所有・保有に向かいクローズドに熱を帯びていく

3-3 Web3の「体験」とは何か 110

NFTコレクションとは

Yuga LabsとBAYCの世界観

コレクションホルダーにとってのインセンティブ

Web3による意味性の進化とは何か

意味の増幅がもたらす「自分らしさの実現」

第**4**章 行動支援の時代：行動実現してくれないものに、もはや価値はない 123

4-1 UXがビジネス原理を一新する2つの理由 125

行動データによりユーザー理解の解像度が高まる

一連の行動フローを支援する

バリューチェーンからバリュージャーニーへ

4-2 「行動の実現」でしか、ユーザーは価値を感じなくなる 134

萌えから推しへの変化

利便性における「行動支援」

意味性における「行動支援」

4-3 ジャーニーシフトと提供価値のDX 141

ジャーニーシフトという言葉の意味

日本に抜けがちな「提供価値のDX」

「体験のシステム」から先に構築する

提供価値の変化は選択肢の変化

第**5**章 ジャーニーシフトに必要な視点と思考法 149

5-1 顧客にとって「サービスとつながる理由」とは何か 150

ジャーニーシフトに必要な考え方や視点

顧客にとっての「つながり続ける理由」を問う

いま手塚治虫が生きていたら漫画を選ぶか

5-2　視点の幅と深さでペインポイントを発掘する................................159

ペインポイントの発掘はなぜ必要なのか

利便性のUX向上では視点の「幅」が重要に

意味性のUX向上では視点の「深さ」が重要に

5-3　人々の「置かれた状況」を理解する................................167

前提条件①属性ターゲティングをやめて、状況ターゲティングへ

前提条件②心理探求型のユーザー理解から離れる

日本になぜジャーニーシフトが必要なのか

巻末特別対談 **深津貴之氏との対談**
「画像生成AIから見る、意味生成の在り方、企業の戦い方」........175

A-1　ジャーニーシフトを企業競争視点で捉える................................176

A-2　画像生成AIから見る意味性へのシフト................................179

A-3　意味生成時代の大企業の在り方................................185

おわりに................................196

著者プロフィル................................200

第1章

新興国からデジタルの未来を学ぶ時代

JOURNEY SHIFT
PREREQUISITES TO SURVIVING
IN THE DIGITAL SOCIETY

1-1
東南アジア諸国に
先行されつつある日本

東南アジア諸国の現在

　出張でインドネシアを訪れ、現地のスタートアップの人たちと話したとき、こんなことを聞かれました。

　「インドネシアではスマートフォン（スマホ）によって社会の形が大きく変わった。ここ数年でスマホは一気に国中に広がり、スマホをベースにした新たなインフラが生活を一変させ、経済も急速に発展している。日本のスマホ革命は社会をどう変えたのか？」

　そう聞かれた瞬間「ハッ」として答えに詰まります。日本でも他国同様、2008年にiPhone 3Gが発売されてからスマホが普及しました。コンビニエンスストアでモバイル決済が使えるようになるなど、日常生活の多くの場面でスマホが使え、とても便利になりましたが、「**日本のスマホ革命は社会をどう変えたのか？**」と問われると、正直なところパッと思い浮かばないのです。

　日本の中にいると大きく変化したように思えますが、他国と比べると「革命」と呼べるほどの変化はしていないように感じたのです。スマホは世界の多くの国で広まり、国によっては経済構造や産業ヒエラルキーに変化をもたらし、その国で暮らす人々の生活を一変させています。米国や中国では世界をけん引する企業が生まれ、その国ならで

はともいえる進化を遂げており、GDPでこれら２カ国に続く日本はどうかというと、海外の影響を受けた変化はいろいろと思い浮かぶものの、日本固有の大きな社会変化はなかなか出てこないのです。

　一方で、インドネシアを含む東南アジア圏では、現在大きく社会が成長しています。インドネシアの世帯所得分布推移を見てみよう（**図表1-1**）。2000年のインドネシア国民の中間所得層（年間世帯所得5000ドル以上3万4999ドル以下）は4％、96％は低所得層（年間世帯所得4999ドル以下）でした。ところが2018年になると、中間所得層は4％から68％に増え、低所得層は2000年の3分の1にまで減っています。2000年以降、インドネシアは日本の高度経済成長期のような経済発展を遂げており、程度の差こそあれ、フィリピン、タイ、ベトナムといった東南アジア諸国も同じです。

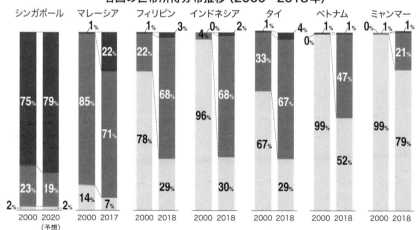

図表1-1　インドネシアと東南アジア諸国の世帯所得分布推移
出所：『構想力が劇的に高まるアーキテクト思考』

東南アジアと日本の経済比較については、2022年5月、象徴的な出来事がありました。経済産業省が発表した資料「未来人材ビジョン」の中の1ページがSNS上で大きな話題になったのです。そこには「**日本企業の部長の年収は、タイの部長の年収よりも低い**」と題して、海外諸国（米国、シンガポール、タイ）との年収比較の図が貼られていました（**図表1-2**）。図を見ると、日本の一般的な課長の年収は、米国、シンガポールに次いで3位。ところが一般的な部長の年収は、4カ国の中で最下位でした。

課長・部長への昇進年齢

	課長	部長
中国	28.5歳	29.8歳
インド	29.2歳	29.8歳
タイ	30.0歳	32.0歳
米国	34.6歳	37.2歳
日本	**38.6歳**	**44.0歳**

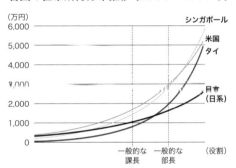

各国の世帯所得分布推移（2000〜2018年）

図表1-2　「課長・部長への昇進年齢」と「諸外国との年収比較」

出所：「未来人材ビジョン」（経済産業省、令和4年5月）。同資料によると、左の表はリクルートワークス研究所の「五カ国マネジャー調査」の結果を基にしている。調査対象は、従業員100人以上の企業に勤める勤続1年以上のマネジャーで、回答者数は米国295人、インド250人、中国308人、タイ271人、日本429人、実施時期は2014年10月。右のグラフはMercerの「Total Remuneration Survey（2019）」を基にしている

　さらに驚くべきは部長に昇進する年齢の比較です。日本は44歳で部長になるのに対し、タイの昇進年齢は32歳。日本ではまだ課長にもなっていない年齢です。つまり、年齢で見ると日本の44歳の部長はタイの32歳の部長よりも年収が低いということになります。

　日本のGDPは米国、中国に次いで3位であり、経済的にはそれな

りの力を持っていると思っている方も多いでしょう。ところが年収などで比較すると、日本はもはや東南アジア諸国にも置いていかれ始めているのが現実なのです。もちろん国の社会構造が異なり、平均年齢は2021年で日本が47.4歳、タイが38.2歳と離れていますが、これを差し引いてもちょっと衝撃的です。

　インドネシアの現状をもう少し詳しく見ていきましょう。インドネシアの現状を知る大きな変化の一つが、都市への人口集中です。**図表1-3**は東南アジア諸国の首都と国全体の人口密度、１人当たりGDPを示しています。インドネシアでは、国全体と首都の１人当たりGDPに4.6倍もの差があることが示されています。

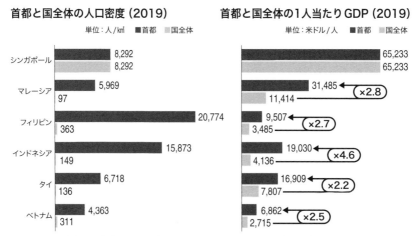

図表1-3　東南アジア諸国の「首都と国全体の人口密度」と「１人当たりGDP」
出所：『構想力が劇的に高まるアーキテクト思考』

　実際にジャカルタの街を訪れると、高級ショッピングモールに併設されたホテルの前の道を、ランボルギーニやメルセデスのような高級車が走っている姿を見かけます。モール内には、誰もが知るような高

級ブランドがこぞって入り、家電ショップでは最新のスマホやハイテク電化製品が販売されています。広い通路には現代アートが展示され、各国のレストランが立ち並ぶ様子を見ると、まるで先進国にいるような錯覚に陥るかもしれません。

　一方、一本道を隔てた道路の反対側に目を向けると、そこにはまだ荒々しい雰囲気が残っています。道路脇には露店のような小さなショップが並び、細い路地に入ればつぎはぎだらけのトタン屋根を乗せた家がひしめくように立っています。渋滞する道路では、クルマの間を2人乗り、3人乗りのバイクが縦横無尽に駆け抜け、まさに私たちがイメージする「新興国」の風景そのものです（**写真1-1**）。

写真1-1　シェラトン グランド ジャカルタ ガンダリア シティ ホテルからの景色
出所：著者撮影

デジタルを使って独自課題を解決

　表面的には「新興国」の雰囲気を色濃く残すジャカルタですが、一歩踏み込んでみると、外見からは全く分からない、急速なデジタル化が進んでいます。もはやバイクタクシーも道路脇の露店も「スマホがなければ成り立たない」といっても過言ではなく、ここ数年で、インドネシアは急速な「スマホ革命」が進行しているのです。

　インドネシアでは、中国で起きた変革が5年から10年遅れてやってくるといわれています。2019年に拙著『アフターデジタル』で描いた中国の状況が、この国にも訪れるタイミングに差しかかっています。

　ところが詳しくインドネシアの現状を見ていくと、今この国で起こっている出来事は単なる中国のコピーではないことが分かります。インドネシアにはこの国独自の社会構造があり、課題があります。その課題に対して、中国とはまた違ったアプローチで取り組み、デジタルを使って解決しているのです。その結果、一部では中国より進んでいると思える部分さえ出てきています。

　第１章では、そんなインドネシアのデジタル化について、具体的な事例を見ながらポイントを紹介していきます。『アフターデジタル』で紹介した中国の事例とはまた違う、新たな学びを得ることができるでしょう。

1-2
日常のすべての距離をゼロにする
スーパーアプリ「Gojek」

知ったつもりになっていた、インドネシアの雄

インドネシアで「国民的アプリ」と言われるほど普及しているのが「Gojek」（ゴジェック）です。バイクタクシーの配車からスタートし、急速にサービス内容を拡充しています。フードデリバリー、買い物代行、荷物の配送といった物流に加え、決済までカバーする、都市の生活に欠かせないスーパーアプリとなっています。

2000年に創業したGojekは、2021年にインドネシアEコマース大手のTokopedia（トコペディア）と合併してGotoグループとなり、2022年4月にはインドネシア証券取引所に上場。時価総額は約280億ドル（約4兆円）にも達しています。

創業者のNadiem Makarim（ナディム・マカリム）氏は、Gojekをここまで育て上げた手腕を買われ、2019年にはインドネシアの教育文化大臣に任命されました。スタートアップの創業者がわずか10年で巨大企業を育て上げ、一国の大臣に就任するというのも、まるで映画のようにダイナミックなストーリーです。

このGojekと並んで東南アジアのスーパーアプリとして語られるのが「Grab」（グラブ）です。デジタルサービスに少し詳しい人なら聞いたことがあるサービスでしょう。

　正直に告白すると、私はこれら２つのサービスを「知った気」になっていました。しかし、実際に現地に行ってアプリを自ら使い、いろいろな方にインタビューすることで、「スーパーアプリって、こういうモデルにもなるのか！」と、全く異なる景色が見えてきたのです。

Gojekは模倣スーパーアプリなのか

　スーパーアプリとは何かを改めて説明すると、支払い、移動、飲食、買い物から、映画や演劇、新幹線、飛行機、ホテルの予約など、生活するために必要なさまざまな機能を１つのアプリにまとめた、生活インフラのようなアプリを指しています。グローバルでの成功事例となると２つあり、どちらも中国のサービスで、アリババ系の金融会社アントフィナンシャルが展開する「Alipay」（アリペイ）と、日本のLINEのような国民的コミュニケーションアプリ「WeChat」（ウィーチャット）です。

図表1-4　AlipayとWeChat

図表1-4の左がAlipayのトップページで、右がWeChatのペイメントカテゴリーのトップ画面です。このアプリさえ入っていれば、中国都市部では生活に困らないといえるほど、あらゆるサービスが含まれています。ペイメントやコミュニケーションなど毎日使うサービスを軸にしているので、一日に何度も使うだけでなく、さまざまなサービスに利用が広がっているのです。日本ではPayPay（ペイペイ）やLINE、au Pay（エーユーペイ）、d払い（ディーばらい）などがスーパーアプリを目指していると言われています。

　「毎日使うようなサービスを軸にしている」ことがポイントで、その軸を「交通」に置いたのがGojekとGrabです。グローバルで見てもAlipayとWeChatの次に位置付けられる代表的な存在ですが、「GojekやGrabって、タクシー配車からスーパーアプリになったサービスで、要するにUber（ウーバー）が拡張したようなサービスだよね」と言われることが多く、中国モデルを交通に置き換えただけの模倣サービスと見られることも多いようです。

　サービスをこの手で深く使ったことがなかった私も、似たように考えていましたが、実際にはそういう説明で理解できるサービスではありませんでした。ここからは、Gojekの真の姿を紹介します。

　Gojekのサービスとして真っ先に挙げられるのがバイクタクシーの配車サービス「GoRide」です。その他、クルマのタクシーを利用できる「GoCar」、バイクタクシーのドライバーに荷物の配送を頼める「GoSend」、Uber Eatsのようなフードデリバリーの「GoFood」、スーパーマーケットなどの商品を購入して届けてくれる「GoMart」、近所の雑貨店や屋台のようなローカル店舗での買い物ができる

「GoShop」といったサービスが並びます。コロナ禍ではサービスを停止していますが、マッサージ師を手配できる「GoMassage」や、出張清掃を頼める「GoClean」といったサービスもあります（**図表1-5**）。

図表1-5　Gojek の画面

本質は「ドライバーにいろいろ頼める」こと

　Gojekを理解するのに重要なのは、**4人乗りの自動車タクシーではなく、バイクタクシーが中心である**ということです。サービスがローンチされる順番を見ると、モバイルアプリをローンチした2015年1月時点でバイクタクシーのGoRide、モノを運ぶGoSend、買った商品の配送のGoMartの3つが提供され、次に、2015年内に料理の配送、大型荷物の配送、マッサージ師をバイクで連れてくるサービス、メイクさんを連れてくるサービス、家政婦を連れてくるサービス、バス停までの送迎、2016年にようやくタクシーのGoCarがローンチされています。

　2015年までにローンチされたサービスに共通するのは、すべてGojekが抱えるドライバー集団に「ヒトやモノを運んでもらう」サービスであることです。自分を運んでもらうのがバイクタクシー、モノ

を運んでもらうのがフードデリバリーや買い物代行、宅配便です。さらに、マッサージ師や清掃業者といったサービス提供者を自分のところまで送り届けてもらうサービスなのです。

　つまり、Gojekが提供しているのは、「**自分が移動しなくても、ドライバーが日常に発生するさまざまな距離をゼロに近づけてくれるサービス**」だと解釈することができます。

　中国や日本でスーパーアプリというと、ペイメントはペイメント事業者、タクシー配車はタクシー配車事業者、フードデリバリーはフードデリバリー事業者がやっていて、それらが1つの経済圏として、1つのアプリにポータルサイトのようにまとまっている構造をイメージするでしょう。

　しかしGojekは違います。Gojekをユーザー視点で見れば「ドライバー集団に頼めることのカテゴリー別アプリ」の集合であり、ドライバー視点で見れば「仕事の内容はどれも何かを運ぶ依頼」になっているのです。ある依頼ではホテルからショッピングモールまで観光客を乗せ、次はモール内にあるレストランのハンバーガーをオフィスビルへ届け、次はパパママストアでお菓子やドリンクを購入して依頼主に届ける、これらを同じドライバーが行っているのです。Gojekという企業の中では、GoRideもGoFoodもGoPay（電子決済サービス、34ページで説明）も別々のチームに分かれて運営されていますが、あくまでサービスごとの最適化・効率化のために分かれているのであり、同じアプリの別サービスチームくらいの感覚のようです。

　中国・上海に住んでいてAlipayとWeChatを使い慣れている私か

らすると、「スーパーアプリってそういう構造にもなるんだ」とかなり驚きでした。

単に運ぶものがヒト、料理、商品と変わるだけで、Gojekのドライバーは、バイクやクルマを使って人やモノを移動させるモビリティーサービスを提供する仕事なのです。こうして見ると、Gojekにとって「優秀なドライバー集団」を抱えることがどれだけ重要であるか、分かるでしょう。

深刻な社会ペインは「交通渋滞」

ではなぜ、「バイクタクシー」がすべてのハブになり、そんなにも重宝されるのでしょうか。その背景には、インドネシア特有の交通事情があります。

首都のジャカルタは、世界でトップ10に入るほどの渋滞都市です。朝夕の通勤ラッシュ時は道路をクルマが埋め尽くし、身動きが取れないほどです。本来なら数十分で行ける距離でも、ラッシュに巻き込まれると2〜3時間かかることは珍しくありません。

一説には、渋滞時のクルマのスピードは人の早歩きと変わらない時速7km程度といわれています。ここまで渋滞がひどいと、通勤や買い物など毎日の生活にも影響します。「ちょっと遠くへ行く」という行動の負荷は重く、インドネシア社会の巨大なペインポイント（社会課題や人々の悩みの種）になっているのです。

そこで重宝されていたのが、「Ojek」（オジェック）と呼ばれるバイクタクシーです。この言葉はGojekの由来でもあります。Ojekはス

クーター型バイクで、後席に乗客を乗せ、クルマの間を縫って目的地まで運んでくれます。

Ojekは渋滞にさほど影響されないので、インドネシアの一般的な交通手段として広く普及していましたが、課題もありました。Ojekドライバーのほとんどは個人事業主や小規模な事業者で、料金やサービスの品質がばらばら。そのため、誰もが気軽に安心して利用できるサービスではなかったのです。

Ojekのドライバーを組織化し、アプリで手配できるようにしたのが現在のGojek、まさにバイクタクシー版の「Uber」といえるでしょう。Gojekアプリを立ち上げ、乗車場所と目的地を指定すると、自動的に近くにいるドライバーとマッチングしてくれます。ドライバーの現在地をリアルタイムに知ることができるので、どのくらいの時間で迎えに来てくれるか一目瞭然です。評価や顔写真を見ることもできるので安心感もあります。走行経路はアプリ上の地図に記録され、支払いもアプリ上でできるため、不当に高い金額を請求される心配もありません。

成功の秘訣は「優秀なドライバー集団」の育成

実はGojekが創業した2009年前後、バイクタクシーの配車サービスは乱立し、Gojekも数ある配車サービスの一つにすぎなかったのです。

ではなぜ、Gojekは競合を抑えて圧倒的なシェアを獲得できたのでしょうか。

当時のバイクタクシー配車サービスが直面していた大きな課題は、「ドライバーの品質」でした。低所得層が多かった時代に多くの配車サービスが立ち上がったことで、「ドライバーになれば稼げる」と、大量のバイクドライバーが名乗りを上げたのです。しかし、約束の時間に遅れたり、突然キャンセルしたり、運んだ料理がひっくり返っていたり、商品が壊れていたりと、サービス品質は非常に低いものでした。そんな状態ではユーザーは利用しなくなります。マーチャント（レストランや店舗のこと）も安心して自分たちの商品を任せることができません。その結果、ドライバーばかりが多く、ユーザーもマーチャントも使わないサービスになっていたのです。

Gojekを創業したナディム・マカリム氏は、そうした状況を見て「ドライバーの品質向上が重要」と気付いたのだと思います。競合他社がユーザー獲得合戦を繰り広げる中、厳正な採用面接やドライバーへの研修に注力し、とにかく「優秀なドライバー集団」をつくることに集中します。そうして育成したドライバーたちに、ヘルメットやジャケットを無償または低価格で提供します。これにより、ドライバーの経済的な負担を軽減してロイヤルティーを高めると同時に、Gojekのロゴが付いたヘルメットやジャケットを着用したバイクが街中を走り回ることで、ユーザーへのアピールにもつなげたのです。

Gojekはこうした地道な"地上戦"（デジタルを使わないリアルな工夫）を繰り広げ、ユーザーに高品質なサービスを提供できる基盤をつくり上げました。Gojekがアプリをリリースしてさまざまなサービスを立ち上げたのは、創業から6年を経た2015年のことです。それまでの間は、ウェブを利用した配車サービスを提供しつつ「優秀なドライバー集団」づくりに取り組んでいたのです。

送金の仕組みがなくとも、創意工夫で解決する

　GoMartやGoFoodのような支払いに関わるサービスでは、ユニークな工夫を取り入れています。Gojekがサービス提供を始めた当時、インドネシア国民の銀行口座保有率は約1割でした。当然クレジットカードも保有しておらず、ECや買い物代行を利用するには現金で支払いできる代引き（代金引き換えの略、配達員が荷物を届けてくれたときに、受取人が配達員に支払いをする仕組み）のような仕組みが必要となります。

　ただし、代引きサービスを提供するとなると、ドライバーが多額の現金を受け取ることになります。日本でも、配達員がウエストポーチにあらかじめたくさんの現金を入れ、おつりを用意している様子を見たことがある方もいるでしょう。いくら優秀なドライバー集団とはいえ、年収50万円弱であることを考えると、ドライバーに現金を持ち逃げされるリスクが高くなります。

　この問題をGojekは**「依頼された商品をバイクタクシーのドライバーがいったん自腹で買い取る」**という仕組みで解決します。ドライバー自身が自腹で商品を買い取れば、何が何でもユーザーから資金を回収しなくてはなりません。つまり、「ユーザーが買った商品を配送して代引きする」サービスではなく、「ユーザーの代わりに買い物をしてくれる買い物代行」サービスなのです。

　商品を自腹で買い取る仕組みであれば、ドライバーは損をしたくないので必ず商品代金を回収するだけでなく、キャンセルせずに必ず届けますし、商品が壊れていたり、料理がひっくり返っていたりしたら

代金を回収できないかもしれないので、安全に運ぶようになります。代金回収を確実にするために、早く届けるドライバーがいるかもしれません。

　こうした工夫により、Gojekはドライバーによる持ち逃げリスクや、ユーザーからの資金回収リスクをなくした他、クレジットカードや銀行口座がなくてもサービスを利用できるようにしたのです。

　Gojekはこのような地道な"地上戦"と創意工夫によってライバルに差を付け、さらに、"空中戦"（デジタル技術やユーザーデータを駆使した工夫）も積極的に進めていきます。

"地上戦"から"空中戦"へ

　ここで、Gojekが創業から現在まで、どのように成長してきたのかを振り返ってみましょう。Gojekの成長過程は、大きく３つのステージに分けることができます。

　最初のステージは、創業した2009年から2014年ごろまで。前述の通りGojekは"地上戦"を展開し、優秀なドライバー集団の育成に全力を注ぎました。当時まだアプリはなく、ウェブサービスとして配車サービスを提供していました。

　そして2015年、Gojekはアプリの提供を開始し、展開期ともいえる新たなステージに入ります。アプリのローンチ当初はバイクタクシーのGoRide、モノを運ぶGoSend、買い物代行のGoMartを提供。2015年末までに料理を運ぶGoFood、クルマで大きな荷物を運ぶGoBox、マッサージ師を呼べるGoMassage、ネイルアーティストを

呼べるGoGlam、出張清掃のGoClean、バス停まで連れていくGoBuswayの全9サービスを開始しています。じっくり育てた優秀なドライバー集団を抱えていたからこそ、一気にこれだけのサービスを立ち上げられたといえるでしょう。同時期に、前述した代引き決済の仕組みを取り入れ、電子決済のGoPayもスタートしています。

地道な"地上戦"を基盤に、一気にデジタルを駆使した"空中戦"へと展開し、リアルとデジタルの両輪でビジネスを推進します。

そして2017年以降、Gojekは拡大期に入ります。海外へサービスを拡大した他、金融機能を整備してフィンテックを拡大し、さらにはEC大手のTokopediaとの合併も実現し、EC機能の他、レストランや店舗に対する支援も拡大しています。現在ではインドネシア以外にシンガポール、ベトナム、タイ、フィリピンの全5カ国でサービスを提供していますが、2022年4月のIPO（新規上場）前後を境に経営の健全化を目指し、インドネシアの事業に集中しているようです。

なお、こうした流れやGojekの成功要因については、『構想力が劇的に高まる アーキテクト思考』（2021年、ダイヤモンド社）の第5章（経営共創基盤〈IGPI〉シンガポールの坂田幸樹さん執筆）に詳しくまとめられています。

1-3
社会を支えるドライバーたちの
ニューノーマル

　Gojekを中心に東南アジアで起きていることは、「ユーザー側の体験が良くなる」にとどまりません。これまでにも出てきていますが、改めて、Gojekにとって「ステークホルダー」とは誰のことかを以下に示します。

- 配送や移動を利用する一般のユーザー
- 移動や配送を担うドライバー
- 運ばれる商品や料理を売っているマーチャント

　マーチャントに関してはかなり幅が広く、個人経営の店やレストラン、コンビニエンスストアやスーパーマーケットのチェーンまでカバーしています。Gojekの特徴は「ドライバー」にありますので、ここからは、ドライバー視点でさらに掘り下げていきたいと思います。

銀行口座を持たない人のための新たな金融

　Gojekは、優秀なドライバー集団によってインドネシアにおける移動の課題を解決しただけではなく、サービスを支えるドライバーの生活も大きく変えています。増加した中間層の雇用を生み出したというだけではなく、**これまでの生活にはなかった「金融支援」と「福利厚生」によって豊かになっている**のです。

　まず、金融支援から解説します。

前提として、Gojekのドライバーになる人たちの一定数は「アンバンクト」(Unbanked)と呼ばれる銀行口座さえ持っていない人たちで、JETROによると2022年時点で9200万人がこのアンバンクトであるとのことです。この方々は信用情報に当たるものがないため、クレジットカードをつくることもできなければ、ビジネスを始めるときに融資を受けることもできません。Gojekのドライバーになると、アンバンクトであっても融資を受けたり、保険を購入したりすることができるようになります。

　Gojekには、ドライバー専用のアプリがあります。このアプリは単に案件を受け付けるためのものではなく、例えば自分が1日にいくら稼ぎ、月の収入がどのくらいになるかを把握できる「売り上げ管理」の役割を担っています。アプリを通じて自分の稼ぎが可視化されると、Gojek側から見て「この人がどの程度お金を稼ぐ人なのか」「どれほどまじめに働いていて、ユーザーから評価されているのか」が把握でき、データを基に精度の高い与信管理を行うことができるようになります。その結果、助成金付きの住宅ローン、何らかの原因で働けないときの就業不能保険、生命保険や健康保険などを用意し、これまでドライバーが得られなかったような生活をサポートしているのです。

　従来型の金融であれば、勤務先や収入、学歴、病院への既往歴などを見て評価するわけですが、直近どの程度まじめに働いているか、実際に危ない運転をして事故になっていないか、といった実際の行動データから信用を評価するわけですから、ローンが払えず貸し倒れたり、事故やケガで保険金請求をされたりする確率が従来と比べて低く、Gojekから見ても利益率の高い収入源になっています。

なお、こうした仕組みは中国のタクシー配車サービスDiDi（ディディ）や、Gojekの競合であるGrabでも提供されている機能で、新興国やギグエコノミーにおいてはもはや当たり前のように展開されている、新たな金融インフラになっています。

ドライバーエコノミーのための福利厚生

インドネシアを訪れた際、実際にドライバー向けアプリの画面を見せてもらうと、こうした金融機能以外にも多くのドライバー向けサービスが並んでいることに驚きました。

例えばドライバー向けの優待として、現地でメジャーなコンビニチェーンの一つであるアルファマートでの割引や大手ECサイトTokopediaでの割引があります。TokopediaはGojekと合併しているからだと思いますが、アルファマート向けの優待にはどういう狙いがあるのでしょうか。

あるドライバーの方に典型的な一日の様子をお聞きしました。朝６時くらいから夜８時ごろまで働くことが多いそうで、１日10件前後の配車や配送を担当し、合計で１日1500円程度稼ぐとのことです。朝６時から働くのは通勤ラッシュアワーが稼ぎ時で、夜８時まで働くのは夕食などを終えて帰る人たちを狙うため。お昼時はデリバリーが増えるのでショッピングモールやレストラン街で、勤務終了時間帯の夕方にはオフィス街で、出待ちのようにして案件が飛んでくるのを待つそうです（**写真1-2**）。

写真1-2　道端やお店の前など
にバイクが大量に止められてい
るのは日常的な光景

　実際、かなり暇にしている時間もあるそうで、そうした時間はドラ
イバー仲間とだらだら話したり、SNSやゲームをして時間をつぶし
たり、そのときにはお水を買ったりコーヒーを買ったりお菓子を買っ
たりしているとのこと。稼ぎが1日1500円ですから、水を買うにも
お菓子を買うにもなるべく安いほうがよく、そうしたときにアルファ
マートの割引は効果的で、コンビニエンスストアで安い飲み物を買っ
て案件が飛んでくるまでドライバー仲間とおしゃべりするそうです。

　Gojekのドライバーは登録数200万人を超えると言われています。
Gojekのドライバー向けアプリにアルファマートで割引購入できる入
り口をつくっているわけですから、アルファマートの視点から見ても
メリットは大きいです。**ドライバー向けの福利厚生がマーチャントに
とってのマーケティングになっている**という意味で、複数のステーク
ホルダーのベネフィットをうまく掛け合わせています。

　さらにユニークなのは「社食サービス」でしょう。Gojekのオフィスでバイクドライバーがご飯を食べられるというわけではなく、提携しているレストランを割引価格で利用できるサービスです。ドライバーは人が移動する時間帯は忙しく、ご飯を食べるのは人が移動しない時間帯になるので、レストラン側としてもアイドルタイム（ランチ後からディナーまでなど、空いている時間帯）に食べに来てくれるなら悪くないプロモーションになります。

頑張れば稼げる仕組みで競わせる

　「もっと稼ぎたい」という意欲が高いドライバーには、さまざまな「頑張る方法」が設けられています。

　例えば、GoScreenがあります。バイクの後部にデジタルサイネージを設置して、混雑しているエリアを運転することでさまざまな人に見てもらうという、バス広告に類似した新しいタイプの交通広告です（**写真1-3**）。もっと稼ぎたいならバイクの後部にこれを設置し、広告収入の一部を受け取ることができます。まだ繁華街など一部エリア限定だと思われますが、なかなかユニークな試みです。

写真1-3　左のバイクの後部席にあるのが「GoScreen」

ドライバーのモチベーションを高めるために、頑張ればベネフィットが得られる仕組みをつくっています。案件の実行によってたまるポイント、キャンセルレート、評価ポイントの3つの観点によってドライバーのランクが決まり、そのランクに応じてキャッシュバックや電気代・水道代・携帯代などに使える金券（デジタルのバウチャー）など、さまざまなベネフィットが与えられます。人を乗せるだけではなく、料理や荷物を運ぶといった仕事もなるべく効率的に受け、品質高く遂行できる人がより評価されるようになります。

現状はドライバー数が増えたことで以前より稼げなくなったらしいのですが、Gojekの観点では競争性やモチベーションを持たせるだけでなく、需給のバランスが崩れないようにするために、品質を保てるドライバーに残ってもらう施策とも見ることができます。さまざまな狙いがあるとは思いますが、これまで得られなかった生活の安定がもたらされていることは事実です。

ドライバー向けにさまざまな機能が提供されていますが、一般のドライバーは計画性や金融知識がないことも多く、保険やローン、副収入など、複数ある選択肢から自分に合ったものを自ら判断するのが難しいことが少なくありません。Gojekはそうしたドライバー向けに資産運用のアドバイスも提供しており、ファイナンシャルプランナーが一緒にプランを立ててくれます。

Gojekはデータ活用やフィンテックと創意工夫によって、ドライバーに向けても多くのサービスを提供し、その生活を大きく変革させているのです。

競合「Grab」が描く未来のドライバーの生活

東南アジアにおけるGojekの最大の競合は、マレーシアで生まれ、現在はシンガポールに本拠を置くGrab（グラブ）です。

Grabは「自分たちのサービスが人々の生活をどのように変えるか」をまとめた「The Future of Grab」というコンセプト動画をYouTubeで公開しています（https://youtu.be/JlxgrLH6hu4）。この動画では、利用者とドライバーの2つの視点からGrabのサービスが描かれています。英語ですが、とても分かりやすい内容ですので、ぜひ一度ご覧いただくことをお勧めします。

この動画で特に注目したいのは、ドライバーの生活を描いた場面です。ドライバーが「3カ月で5000ドルためる」という目標を設定すると、アプリがドライバーのカレンダーにアクセスして空いている時間を見つけ、目標を達成するためのスケジュールを作成します。さらにオフィスのようなGrabのドライバー窓口を訪れると、ドライバーの与信スコアなどを参照の上、マイクロファイナンスや保険なども活用し、最速で目標を達成するプランを設計してくれます。

コンセプト動画は、以下のような言葉で締められています。

「Grabは日常生活のあらゆる部分、社会のあらゆる領域に影響し、よりサステイナブルで、すべての人にとってより良い未来をもたらします」

本書を執筆する少し前にシンガポールのGrab本社を訪れ、お話を

聞く機会がありました。そのとき印象的だったのは、Grabの担当者が会社紹介をする際、まず社会貢献について話し始めたことです。以下に、その際に出てきた数字を抜粋します。

- Grabドライバーの21％は、もともと仕事がなかった人だった。
- サービス対象国で現在70人に1人は主な収入をGrabの仕事で得ている。
- Grabで初めて銀行口座を開いた人は900万人いる。
- 経済に8500億円のインパクトを与えている。

　それだけ東南アジアの社会や人々の暮らしを変えてきたという自負があるのでしょう。GrabやGojekは単なるライドシェアアプリではなく、社会に大きなインパクトを与える存在になっているのです。

1-4
サプライチェーンに潜む
社会ペイン解決

パパママストアが抱える「サプライチェーンのブラックボックス」

　ここまで、国民的アプリであるGojekを例に、インドネシアのスマホ革命の様子を見てきました。Gojekが起こした社会の変革は、ある意味表面から「見えやすい」変化です。出張や観光で訪れる私たちでも、ジャカルタの街を歩けば、本当にたくさんのGojekやGrabのバイクが走っているのを見ることができます。

　しかし、実はインドネシアのスマホ革命は見えない部分でも着々と進行しています。次はそのような静かなる変化にスポットライトを当ててみましょう。ここからはマーチャント視点での解説になります。

　インドネシアには家族や個人でローカルな雑貨店や屋台を経営する、いわゆる「パパママストア」が数多く存在します（**写真1-4**）。その数は小売店舗の8割、約250万店舗にも上るといわれています。中間層が増えたといってもまだ平均年収は50万円に満たない中、お菓子や飲料水、日用品などを安く買える店として、地元住民の日常生活に欠かせない存在となっています。

　そんなパパママストアの大きな課題は「仕入れ」です。多くの小規模なパパママストアは、少し大きなパパママストアや中間業者から商品を仕入れ、その先にはさらに大きな卸売業者が存在するという具合

に、流通経路上に何層もの中間業者が存在します。日本では想像できないほど複雑に多層化した流通網はもはや誰も可視化できておらず、多様な商品を必要なだけ取りそろえるのは容易ではありませんでした。

　また小規模な店舗オーナーにとって、仕入れ価格がフェアなのかどうかを確認する手段はありませんでした。お店を始めようと思っても商品の仕入れ先が見つからず、知人に紹介してもらったはよいが、実はその仕入れ先から商品を買うと間に複数社がマージンを取っていて価格が高くなる、といったことが実際に起きているのです。問題は、間に入っている人たちも自分たちが「マージンを取る中間業者になっている」という意識がないことも多く、誰一人としてその構造を把握できていないほどに無駄が生まれていることです。

　この社会構造に目を向け、現在インドネシアでは仕入れのサプライチェーンDXを手がけるプレーヤーがいくつも登場しています。メインのサービス提供対象はパパママストアのオーナーなどのスモールビジネスオーナーで、複雑な中間流通をできるだけ排除して価格の透明

性を確保するだけでなく、スマホアプリを利用したオンライン発注を可能にしたり、在庫管理や収支管理機能を提供したりするなど、パパママストアの経営をよりスムーズにするための機能を提供し、デジタル化を支援しています。

こうしたサービスはTokopedia、Shopee（ショッピー）、Bukalapak（ブカラパック）といった主要なECプレーヤーが中心となって展開しています。なぜなら、彼らはもともとメーカーから商品を直接仕入れてEC上で一般消費者に販売しているため、この複雑なサプライチェーンに巻き込まれておらず、販売対象を一般消費者ではなくスモールビジネスオーナーに変えればよいだけだからです。

さらに、集まった店舗側のデータを利用し、Gojekのドライバー向けサービスと同様にマーチャント向けのマイクロファイナンスや保険商品の提供、資産運用アドバイスといった金融サポートや、より深いパートナー関係になった場合の取引価格における優遇など、さまざまな機能が提供されています。またオーナー同士がノウハウを交換できるコミュニティー機能や、店舗経営のアドバイス記事なども提供されており、「より稼ぐにはどうしたらよいのか」をマーチャントオーナーが学ぶ機会も設けられています。

「仕入れが面倒で不透明」というパパママストアの課題解決はもちろんのこと、金融とノウハウの両面で店舗経営を支援し、成長のためのサポートを実施していて、それをすべてマーチャント用のスマホアプリに集約しています。さながら、スモールビジネス向けのSaaSソリューションといったところでしょうか。

写真1-5は実際に訪問したパパママストアで、キオスクらしくお菓子や飲み物が雑多に並べられています。マーチャント向けアプリでは、商品仕入れだけでなく、自分自身の携帯代支払いやペイメントアプリへのチャージ、電気代やWi-Fiの支払いなどもできるとのことでした。

写真1-5　実際に訪問したパパママストアと、マーチャント向けアプリの画面

EC企業の思い「弱い存在のキオスクがいかに稼げるようになるか」

　Gojekのマーチャント支援は限定的でした。マーチャントにとってGojekはあくまで「優秀なドライバーリソースの提供者」であり、仕入れの際の配送は行えても、商品の仕入れ自体を支援してくれるわけではありません。

　これがインドネシアでシェア1位のECであるTokopediaと合併した一つの理由であるとも考えられます。Gojekのサービスラインアップではあくまで一般ユーザーの商品購買シーンに限られるため、BtoBに入り込み、流通のサプライチェーン全体を押さえるためにTokopediaが必要だったと言えるでしょう。

こうしたビジネス上の狙いはもちろんありますが、こうしたマーチャント向けサービスで働く人たちの文化や信条として、「社会をより良くすること」が重視されているのもまた事実のようです。シェア3位のECであるBukalapakのマーチャント向けサービス「Mitra Bukalapak」（ミトラ・ブカラパック）のプロダクト責任者にお話を伺った際、「あなたたちにとって一番大事な顧客とは誰か」と聞いてみました。彼らにとってはマーチャントだけでなく、商品を提供してくれるメーカーやブランドも顧客であり、サプライチェーンに関わる人たち、例えば物流倉庫や配達会社なども顧客と見なしています。

先の質問に対しては「マーチャント、特に小さなパパママストアが最も優先されるべきであり、彼らがMitra Bukalapakを通してビジネスを始めたことでどれだけ稼げるようになったかが何より重要だ」と即答していました。なぜそのように考えるのかと聞くと、次のように答えてくれました。

「インドネシアにとってパパママストアは社会のコミュニティーハブです。そこでいろいろな人々が交流していて生活の支えになっているにもかかわらず、彼らは非常に弱い存在で、ビジネスの知識があるわけでもないので仕入れ先に搾取されてしまったり、経営がうまくいかずにつぶれてしまったりすることもあります。自分たちはこうした立場の弱いパパママストアを守っていかなければならないし、守るためには彼らがこれまで以上に稼げることが何より重要です。パパママストアの売り上げが何倍にもなったような成功事例を集め続けていますし、それを社内に共有し、新たな機能を開発するときにも『これでパパママストアの人たちは稼げるようになるのか？』と問うようにしています」

キオスクをアップデートする「Warung Pintar」

　インドネシアのBtoB向けサービスの特徴的なモデルとして、「Warung Pintar」（ワルンピンタール）というサービスがあります。Warung（ワルン）とは、街中のちょっとした空きスペースに設置されたキオスク型小型店舗のこと。インドネシアには、飲食物や雑貨を販売するワルンが数多く存在しています。Pintar（ピンタール）はインドネシア語で「スマート」の意味、つまりWarung Pintarは、スマートキオスクを手がけるスタートアップです。

　何が特徴的かというと、まずはその見た目でしょう。黄色いボックス型ワルンがあり、冷蔵庫や椅子、テレビ、Wi-Fiやコンセントが用意されています（**写真1-6**）。「今からワルンを始めたい」というオーナー志望の人に、黄色いボックス型ワゴンを丸ごと無料で貸し出すのがワルンピンタールというサービスです。なお、敷地に対する賃料はワルンのオーナーが自ら支払うことになります。

　インドネシアの庶民にとって身近なワルンですが、面白いことに近年は「ドライバーたちの待機場所」という新たな役割を担うようになっています。GojekやGrabの躍進により、街にはたくさんのバイクドライバーたちがあふれるようになりました。一日中街を駆け回るドライバーたちにとって、Wi-Fiやスマホを充電できる電源があり、案件が舞い込むまでテレビを見たりゲームをしたりしながら暇つぶしできるワルンは、注文を待つ間の待機場所、休憩場所にぴったりなのです。私も実際にジャカルタを訪れた際、いくつものワルンを見て回りましたが、特に繁華街やショッピングモールに近いワルンは多くのドライバーのたまり場になっていました。

写真1-6　ワルンピンタール
実際は黄色の建物である

　その中でもとりわけ、ワルンピンタールのワルンはドライバーが来
店して購入していく回転が速いように見受けられました。Mitra
Bukalapakの方が言っていたように、パパママストアであるワルンは
もともと近くの人が買い物に来る場所で、ドライバーエコノミーのコ
ミュニティースペースになっています。実際に訪問したワルンでは、
少し滞在しているだけでも次々とGojekやGrabのドライバーたちが
訪れて、水などを買っていましたし、座って休憩している方々も多く
見られました（**写真1-7**）。

ワルンピンタールは黄色いボックス型ワルンを無料で貸し出す代わりに、ワルンピンタール専用アプリでのみ発注を許されています。一般のマーチャントや（ワルンピンタールではない）ワルンオーナーは、さまざまなEC企業が提供する仕入れアプリを複数登録し、価格を比べながら安いところから仕入れることが多いそうです。そうなるとデータが複数サービスに分散してしまって1カ所に集まらず、収支データも曖昧になるため、融資などもしにくくなります。

写真1-7　ドライバーが集まるワルンピンタールのワルン
写っているほぼすべての人がドライバーで、左写真の左側で席に座っている人たちは向かい合ってモバイルゲームをしていた

　「専用アプリでしか受発注をしない」という契約になっているので、データが一元化されることになります。仕入れの際は、アプリ上にある数千種類もの商品から必要なものを注文するだけ。商品は24時間以内に送料無料で届くので、オーナー自身が仕入れに行く必要がなく、販売に専念できます。もちろん仕入れだけでなく、前項で説明したよ

うに、ワルン経営に必要な業務をすべてアプリ上で行うことが可能です
し、コミュニティー機能や経営教育コンテンツも充実しています。

　ワルンピンタールのビジネスモデルは、ワルンオーナー、倉庫を持
つ卸売業者、商品を運ぶ物流業者、商品を提供するブランド（メーカー）
の4者をつなぐBtoBマーケットプレイスになります。興味深いのは、
既存の事業者を生かしつつ、その間にある非効率をデジタルで改革し
ようとしていることです。

　2017年創業のこの会社のビジネスがうまくいっているかというと、
現在では50万以上のワルン、1000社以上の卸売業者、500社以上の
ブランドを抱え、インドネシア国内の200以上の都市に展開するまで
に成長したものの、コロナ禍で都市封鎖（ロックダウン）などもあっ
て展開をやめ、現在はマーチャント向けのSaaSサービスを提供して
いるSircloに買収されています。しかし、ドライバーエコノミーが発
達する中、伝統的なワルンをスマートにアップデートするというアイ
デアは示唆に富んでいますし、買収後にも体制を変えず創業者が引き
続きビジネスを拡大しており、今後が楽しみな企業です。

　大規模なショッピングモールの進出によって地元の商店が次々とつ
ぶれ、商店街が寂れていくというのは、日本をはじめとして各地で見
られる光景です。私たちは大規模なショッピングモールから利便性を
享受していますし、当時の日本の状況からすれば最適解であり、イノ
ベーションだったと思います。

　一方、スマホの普及を前提にして社会づくりができた近年のインド
ネシアでは、ワルンも卸売業者も物流業者もそのまま残しつつ、その

間を滑らかにつなぐことで社会UXの向上を実現しようとしています。ワルンピンタールのホームページには「私たちのビジョンは既存の流通チャネルに革命を起こすことであり、それらを破壊することではありません」と書かれているのが象徴的です。

　もっとも、これは結果論とも言えます。インドネシアの街の大部分がまだ十分に開発されておらず、大きな店舗を開業できる土地は限られています。このため、既存の構造を残しつつ、できる部分からアップデートしていくしか選択肢がない、という状況なのです。その結果、既存の社会構造を破壊することなく、滑らかに社会をアップデートしていくスマホ革命がインドネシアで進行しています。

1-5
人間的な
デジタルアップデート

中国とは異なる、リアリティーある変革

2019年に執筆した『アフターデジタル』では、中国においてデジタルがリアルを包み込み、社会を変えていく様子を紹介しました。同じようにデジタルによって急速に社会が変わりつつあるインドネシアですが、その内容を詳しく見ていくと、中国とは明確に異なる変化が進行していることが分かります。

中国で起こっていたことを一言で表すと「壮大な社会実験」でした。アリババをはじめとする巨大資本が、その資本力とデータを活用し、高速にトライアル・アンド・エラーを繰り返して新たな社会の仕組みをつくり上げていく。そのダイナミックな変革が中国の最大の特徴です。

例えば、アリババが展開するOMO型スーパー「フーマー」はアプリを通じて圧倒的なオンラインの体験をつくり上げ、オフラインよりもオンラインの売り上げのほうが大きいという新時代の小売りの姿を体現しています。顧客との接点をオンラインに移すことでデータを通じて顧客理解の解像度を高め、従来ではできなかった新たな価値提供を可能にしました。「リアルの接点を軸としてデジタルを提供する」のではなく、「デジタルの接点を軸にユーザーを高解像度で捉え、リアル接点に生かす」という発想の変化が根底にあります。

このアプローチには、当然ながら成功も失敗もあり、世界でも類を見ない先進的な生活を市民に提供するサービスがある一方、期待通りに進まず頓挫しているものも少なくありません。そして圧倒的な物量でデジタル化を進めてきた中国のやり方は、他国でそのままトレースできるものではありませんし、技術力、人数、政府の後押しなども強力な成功要因です。

一方、急速に都市化が進行するインドネシアでは、状況はかなり異なります。街の建物やインフラといったハードウエアが、変化に全く追い付いていないのです。そんな中、スマホの普及によりデジタル変革が始まりました。その結果、社会的なペインそのものをよく観察し、時にはアナログな手法も用いながら「できるところから解決していく」というアプローチでの変革が進んでいます。

「ストリートスマート」なアプローチ

例えばGojekによる買い物代行サービスとして「GoShop」と「GoMart」の2つがあります。違いは何かというと、「GoMart」がいわゆるネットスーパー的なサービスで、登録された商品を選んで購入し、ドライバーが持ってきてくれるサービスです。対して「GoShop」は、まさにワルンのような小さい自営業のお店が並べられており、本屋、魚屋、薬屋などカテゴリーのみが書かれていて商品は全く書いていない代わりに、そのお店のWhatsAppボタンが置かれています。WhatsAppは東南アジア圏で最もシェアの大きいメッセージアプリで、それこそ日本のLINEのようなサービスです。

GoShopを使って買い物をする場合、商品の在庫情報はアプリ上には登録されていないので、本当に買いたいものがあるか、在庫がある

か分かりません。そんなときは、WhatsAppボタンを押して店舗に連絡し「この商品売っている？」と質問するのです。インドネシアではWhatsAppが普及しておりどの店もアカウントを持っているので、すぐに返事が来ます。価格交渉などもWhatsAppで済ませ、商談が成立するとドライバーがそこに向かう、という流れになります。

　一方でしっかり在庫管理されているはずの「GoMart」でも、ドライバーが行ってみたら品切れだったということもあり、そんなときはドライバーがWhatsAppでユーザーに「似ている商品があるけど、これでどう？」と写真を送ってくれることがあります。

　以前、Gojekアプリで天丼を見つけ、注文したことがあります。ところがいざドライバーが到着してみると天丼は売り切れており、「代わりにマヨ唐揚げ丼でいい？」とメッセージが来ました。日本で考えると、そもそも「ある」と書いてあった商品が売り切れているとクレームになりかねないと思うのですが、店の人ではなくドライバーがいきなりマヨ唐揚げ丼をお薦めしてくるというのは、なかなか斬新です。

　これに「OK」をしてマヨ唐揚げ丼が無事に届いたわけですが、面白かったのはその後で、すぐにGoMart上の天丼の在庫表示が「売り切れ」に変わったのです。きっとドライバーが店員さんに伝え、それを受けて在庫をゼロにしたのでしょう。このように、システムが完璧にできていなくても、「人手で何とかすればOK」とおおらかに割り切ってデジタルの社会実装を進めているのがインドネシアです。

　英語には「ブックスマート」という表現があり、机上の知識ばかりの「頭でっかち」的な意味で使われます。インドネシアで起きている

進化は、まさに知恵と工夫で実践する「世渡り上手」といったイメージで、街や現場のコミュニケーションを大切にしながら、「ストリートスマート」なデジタル化が進んでいるといえるのではないかと思います。

第2章

新たな社会リーダーシップと
ジョイントビジョン

JOURNEY SHIFT
PREREQUISITES TO SURVIVING
IN THE DIGITAL SOCIETY

2-1
環境の違いを越えて、インドネシアから何を学ぶか

インドネシアと日本の対比

　第1章では、急速に進むインドネシア社会のデジタル化について見てきました。インドネシアでは、スマートフォンの定着によって多くの人々がオンラインにつながり、交通渋滞をはじめとするさまざまな社会のペインポイントを実践的に解決していました。人々の生活が便利になっただけでなく、ドライバーやマーチャントなど、社会を構成する多様なステークホルダーそれぞれで変革が進んでおり、社会全体がアップデートされています。

　もちろん、インドネシアと日本では社会構造も成熟度も全く違います。インドネシアは成長中の若い国で、人口は約2.7億人、日本より貧富の差が激しく、市場が拡大している最中です。十分なインフラや既得権益がない状態でスマホ革命が到来したため、いわゆるリープフロッグと言われる社会インフラの急激なアップデートが起こっています。一方の日本は人口が減り、高齢化も進んでいます。ジャカルタの交通渋滞のようなインフラ未整備による社会課題はそれほど深刻ではありません。

　海外事例を無思考に転用して失敗するケースが多く見られる中、インドネシアの事例を日本にそのまま持ち帰ることはできないですし、単純比較して考えることに意味もありません。しかしインドネシアで

起こっている「**社会課題解決にフォーカスした進化**」を詳しく観察することで、新たな学びを抽出することができると考えています。

　では、どのように学びを抽出すればよいのでしょうか。

　インドネシアから日本に帰国した直後、インドネシアで学んだ発見を私が事務局長を務めるUXインテリジェンス協会（企業や社会がいかにUXドリブンになっていくかをテーマにした一般社団法人。現在募集は企業会員のみ）で先進事例としてシェアしたところ、それを受けて、慶応義塾大学大学院SDM（システムデザイン・マネジメント研究科）で特任助教をされている山崎真湖人さんが図にまとめてくださいました（**図表2-1**）。これを基に、第1章の学びを日本に当てはめてみましょう。

「日本ではどう考えるか」の例

		as-is	変化のドライバー	to-be
社会・市場		GAFAの影響力 感染症拡大により宅配ニーズ拡大	**Gojek 幅広いドライバーが効果的に価値を生む仕組み**	幅広いサービスが機会損失を避けられ**持続可能性が高まる**
顧客・利用者	課題・価値	市民：現状に満足 宅配業者：負荷が集中し**破綻する危険**	宅配システムに存在するアンバランスな格差構造	宅配業者：**多様な事業者**が互いの強みを生かせるエコシステム
	活動（体験、ビジネス）	個人が自力で対応 近所のサービスを利用 適宜宅配サービスも利用		巨大プレーヤーに利益が集中せずバランスの取れたマッチングが行われる
	仕組み（機能、実現方法）	デジタル・リアルともサービスへのアクセスが容易な仕組み **巨大プレーヤーが支配**		宅配業者を含む多様なサービス提供者に仕事が回るような仕組み
サービス提供者			誰がやる？	

図表2-1　山崎真湖人さんがまとめた図

簡単に図を説明すると、表頭左の「as-is」は現状、右の「to-be」はあるべき理想、その間に「変化のドライバー」を置くことで、何がきっかけで理想状態になるのかを書き記せるようにしています。表左側の「社会・市場」はマクロの状況、「顧客・利用者」はユーザー側に起こっていること、「サービス提供者」はサービス提供する企業に起きていることです。「顧客・利用者」は、「課題・価値」（ユーザーが感じている課題や価値）、「活動」（提供されている現在の体験）、「仕組み」（活動を動かしている仕組み）の３つがあります。

日本の社会ペインを抽出する

　「社会課題」と書くと、「人々の生活に存在する痛み・ペインポイント」を想像しづらい傾向があるので、以降は社会課題や生活のペインポイントを「社会ペイン」と表現します。

　まず何より重要なのは、インドネシアで見たのは「社会ペインへの注力とその解き方」であって、**日本では全く異なる社会ペインを抱えているため、それを明らかにしてアプローチしなければならない**ということです。

　GojekやGrabの特徴を「優秀なドライバー集団が効果的に価値を生む仕組み」であるとしたとき、ではこのドライバー集団が価値をもたらせそうな物流領域における日本の社会ペインは何でしょうか。

　現状を考えると、コロナ禍により自宅で過ごす時間が飛躍的に増え、宅配のニーズが急拡大しました。GAFAのような巨大プレーヤーが市場を支配しており、ユーザーはデジタル、リアルのどちらでもサービスの利用が容易になっています。EC事業者は「いかにユーザーが便

利に使えるか」を競い、即日配送や時間指定配送、コンビニ受け取りなど、きめ細かい配送オプションを低価格（または無料）で提供しています。一方で、その負担は宅配業者に重くのしかかっており、繁忙期ともなると「夜遅くまで配達しても終わらない」というドライバーの切実な悲鳴が聞こえてきます。

　図表2-1に沿って考えてみると、確かにユーザー側は過剰とも言えるサービスで満足しており、現状に問題はないかもしれませんが、サービスを提供する企業側が過剰な負荷を背負ってしまい、苦しんでいる状況が見えてきます。

　では、Gojekのような「優秀なドライバー集団」がいると仮定すると、この現状はどう変わるでしょうか。現在は、例えばアマゾンの商品を配達する宅配業者は決まっていますし、そうしたEC事業者と直接契約した宅配業者が商品を運ぶのが当然です。アマゾンの商品をヨドバシカメラのトラックが運んでくることはありませんが、「宅配・配送業者に負荷が集中して破綻の危機に陥る」という社会ペインにフォーカスして考えると、一定の品質さえ担保できれば、どの商品を誰が運んでもいいはずです。

　さらに広げて考えれば、倉庫から消費者への物流だけでなく、店舗から消費者、工場から店舗、店舗間など、さまざまな「モノの移動」が日々発生しています。さらにバスやタクシーが空き時間に荷物を運ぶという選択肢もあるでしょう。

　さまざまな宅配業者や運輸事業者を「ドライバー集団」として考えると、「宅配・配送業者に負荷が集中して破綻の危機に陥る」という

社会ペインに効率的にアプローチできます。都市に強い、特定エリアに強い、空き時間が多いので即時対応できるなど、多様な強みを持った事業者が、個々の強みを発揮できるエコシステムとなり、社会全体の「移動」が最適化されるでしょう。これは長い目で見ると、各事業者に機会が分配されてさまざまな事業者が恩恵を受け、さらに進んで配送の仕組みがよりオープンになると、世の中一般の配送スピードの基準がぐっと上がるかもしれません。

社会ペイン起点OMO事例「Foodelix（フーデリックス）」

　実は、これに近い事例が日本で取り組まれています。それが静岡県浜松市で展開される「Foodelix（フーデリックス）」というデリバリープラットフォームです（**図表2-2**）。コロナ禍の影響で人が来店してくれなくなり、飲食店が経営の危機にさらされるという苦しみは、日本全国で起きていることでした。フードデリバリーでお届けできるようにすれば、もちろんある程度苦しさが緩和されるのですが、東京都内ならまだ配送の担い手がいたとしても、浜松市内では十分な配送要員を確保できませんでした。

　この社会ペインに対して、「配送パートナー」という打ち手が考え出されます。浜松市内のタクシー会社に目を向けると、同じくコロナ禍で大きな影響を受けていました。外出自粛の影響で利用が減ったタクシーを配送パートナーとすることで、デリバリーを実現したのです。本来タクシーが運んでいいのは旅客だけで、料理や荷物を運ぶのは法律で認められていませんでした。しかし2020年4月、国土交通省はコロナ禍の特例として飲食品配送を認めました。そこで浜松市は実証実験という位置付けでタクシーでの料理や荷物の配送を実施したのです。

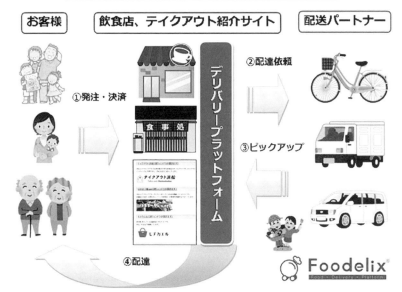

図表2-2　Foodelix（フーデリックス）のイメージ

出所：浜松市（https://www.city.hamamatsu.shizuoka.jp/kanko/delivery/delivery_foodelix.html）

　フーデリックスはさらに多様な配送パートナーを募集し、新聞配達のスタッフを抱える新聞販社も配送パートナーに加わりました。将来的にはさらにパートナーを拡大し、自家用車や給食配送車などによる配送も視野に入れています。

　規制領域であっても行政が介入して整理すれば、このようなことが可能になるのです。市民はコロナ禍でも便利に料理が受け取れ、飲食店は経営難を脱する方法が提示され、配送パートナーは新たな収入源を確保するという形で、社会ペインに対して手が打たれています。日本独自の社会ペインを、リソースの共有や互いのベネフィットのマッチングを行うことで、協力して解決している素晴らしい事例ではないでしょうか。

2-2

「協調領域」とは
社会ペインの発掘と解決

日本は社会ペインを発見し、解決できているのか

コロナ禍を経て「社会課題解決」という言葉を発するビジネスパーソンが増えたように感じています。コロナによる社会の痛み、SDGsの潮流、デジタル後進国と呼ばれる機会の多さ、DXの進まなさ、円安など、さまざまな背景もあって「社会課題を解決することを大義に他の企業と手を組む」というテーマが上がりやすくなっています。

一方で、その「社会課題解決」があまりに曖昧で何をしたらいいのかよく分からず、逆にきれいごとのように聞こえてしまって「またそれか」と辟易している方もいて、実際に社会課題解決への道のりが見えているようにはあまり見受けられません。

第1章で説明したようなインドネシアの状況に触れ、強く「社会ペインフォーカスが重要だ」と感じたのですが、それは日本との対比の中で感じた部分が大いにあります。

Gojekはスーパーアプリが流行した結果として出てきたわけではありません。2015年時点で9種類ものカテゴリーを打ち出し、中国のスーパーアプリ構想と時を同じくしながら、独自に社会ペイン解決の道をたどっています（もちろん先に成功した中国モデルを参照したところは多いと思いますが）。その結果、交通渋滞という社会ペインを

解決する手段になっていたからこそ、人々に圧倒的に使われるほど定着したのです。

　著者らが執筆した『アフターデジタル』では、とにかくペインポイントを起点にUXをつくることを強調し、「プラットフォーマー、特にペイメントを押さえた企業が覇権を握る構造」を示していました。その功罪もあるかもしれず、そうだとしたら反省しかないのですが、とはいえ日本では中国や東南アジアとは異なり、先進事例であった中国スーパーアプリモデルをある程度なぞる形でさまざまな企業が参入し、結果「この店では使えるけど隣の店では使えない」となってしまい、定着するまでにかなりの時間を要しているように見えます。

　誤解を恐れずに書けば、日本は社会ペインに合致していないサービスを縦割りで争った結果、大して使われなかったり、広まらなかったりしているサービスがいくつもあります。インドネシアと日本のこの差は何なのでしょうか。

縦割りの日本、横串のインドネシア

　パパママストアのDXについて考えてみましょう。インドネシアでは商品を供給するメーカーと、ユーザーの接点であるパパママストアとの間に、何層もの卸売業者が存在していました。そこにTokopedia、BukalapakといったECを中心とした事業者や、ワルンピンタールのような新興スタートアップが参入し、流通の効率化と透明化を進めています。

　ここで着目したいのは、どこかの企業が自分たちで高効率なサプライチェーンを組み、それが縦割りでたくさん並び立つような方向に社

会が進んだわけではなく、「パパママストアという既存の業態」の姿を変えず、パパママストアが抱える社会課題を横串で解決する方向に進んでいったことです。地域のコミュニティーハブとなるパパママストアは変わらず残っているどころか、スマホを通じて仕入れをしたり、在庫を管理したり、店舗や消費者へ配送したりと、デジタルで新たにできることが増えています（**図表2-3右**）。

　一方の日本を見てみると、コンビニエンスストアやスーパーマーケットのような小売店は系列化され、系列ごとに最適化された縦割りのサプライチェーンが構築されています（**図表2-3左**）。全国どこへ行っても店舗の外観や品ぞろえが画一化され、接客もマニュアル化され、その結果として地域の商店街や個人商店などの特色ある店が生き残りにくくなったということは、実際に起きていたことでしょう。

よくある日本の構造

工場、サプライチェーン、店舗まで
一貫したシステムの構築

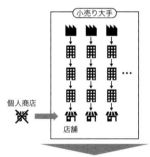

- チェーン店舗は単なるモノの販売のみ
- 働く人の個性は失われ、小売店舗を
  起点としたコミュニケーションも消失

東南アジアのパパママストアで見た構造

データプラットフォームを通した
パパママストアのDX支援

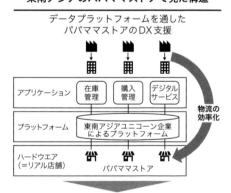

- 伝統的な小売店舗を中心としたコミュニティーを破壊することなくDXを推進することで、顧客の体験向上を達成

図表2-3　縦割りの日本、横串の東南アジア
出所：IGPI

　これは何も「系列化した日本が悪い」と言いたいわけではありません。スマホが普及する前の時代は、社会効率を高めるにはサプライチェーンを系列としてまとめるのが正解でした。すべて自前で抱えることで、高速で改善を重ね、高度に効率化していくことができるためです。ユーザー側から見ても、野菜は八百屋さん、肉はお肉屋さん、魚は魚屋さんといくつもの店舗を訪れて買わなければならなかったものが、1カ所で買えるようになったのは革命的なことでした。日本各地の地域性が失われていくという側面もあったでしょうが、その代わりに私たちは「いつでも欲しいモノが手に入る」という利便性を享受し、それを自ら選んできたわけです。

　ところがリアルのすべてをデジタルが包み込むアフターデジタル時代となると、「物理制約」というリアルの垣根が溶けていきます。Gojek上ではアプリさえ開けば、スーパーマーケットでもコンビニエンスストアでも近くのワルンでも、近くの店はすべてそのアプリの画面上に並んでいます。横串のプラットフォームが「すべての距離をゼロにする」という役割を果たしたことで、かつてスーパーマーケットが実現した「近所に分散したさまざまなカテゴリーの商品を1カ所でまとめて買えるようにした」という役割を、今度はアプリが担うようになったのです。その結果、地場の特色あるお店は消えていくどころか元気になっているのです。まさにこれが「デジタル前提の時代から眺める」ということでしょう。

　もしインドネシアで日本と同様に縦割りのサプライチェーンを構築しようとすると、各地に店舗や倉庫を建設したり、トラックを購入してドライバーを雇って自前の物流網を築いたりと、膨大な時間とコストをかけてハードウエアを整備しなくてはなりません。ところがスマ

ホが普及したアフターデジタル社会では、店舗や倉庫などは既存のパパママストアを活用し、物流網にはGojekやGrabといったドライバー集団をデジタル上で連携させて活用するなど、現存のアセットをそのままにしながら「横串」でつないでいくことが可能です。

　デジタルによる横串の変革がAPI（Application Programming Interface）的につながり合うことで、ハードウエアの変革を伴う縦割りよりも圧倒的につながりやすくなり、その結果インドネシアは、伝統的な小売店舗でのコミュニティーを残しながら、デジタルによる顧客体験の向上を達成しています。APIとは、ソフトウエアに外部とやりとりする窓口をつくり、外部アプリとコミュニケーションや連携ができる状態にできる仕組みです。例えば、「食べログ」でお店の場所を地図で見ようとするとGoogle Mapsと連携します。これはGoogle MapsがAPI連携可能なサービスになっており、食べログは地図を表示する際、APIを介して地図の情報を受け取っているのです。

支払い用QRコードも横串プラットフォームに

　デジタルがプラットフォーム的に横串に入り込み、API的につながり合うことで変革と体験向上が起こる例を、もう一つ挙げます。

　それは、インドネシアの「QRIS」（キューリス）です。店舗はQRISにだけ対応していれば、複数のQRコード決済システムに接続できるという仕組みです。インドネシアはさまざまな銀行のQRペイメントやデジタル企業のQRペイメントが乱立しているのですが、どのアプリからでもこの1つのQRコードで支払えます。Quick Response Code Indonesian Standardの略称で、2019年8月にインドネシア中央銀行とインドネシア決済システム協会によってつくられ

た電子決済の国内統一規格です。

　インドネシアでも当初、さまざまなペイメントプラットフォーム同士が熾烈なプロモーション争いと店舗開拓争いをやっていました。しかしGojekのような仕組みが一般化し、社会インフラとしてデジタルペイメントの重要性が高まった結果、行政も足並みをそろえ「統一規格のコードをつくり、それに対応していれば、店舗側がいろいろなQRコードを貼って読み取り機械を何種類も置かなくてよい」と動き出しました。インドネシアの人に日本のコンビニエンスストアの現状を話すと、「こんなにたくさんのペイメントサービスがあって、QRISみたいなコードがないなんて、お店はどうやって運営しているの？」と不思議がられます。

　日本のコンビニエンスストアのレジは、とても進化しています。どのペイメントで支払うかユーザーが選べるようになっていますし、かなりプロセス上のペインポイントはなくなって便利に感じるようになりました。だがモノづくりの国だからか、「特定の系列コンビニ」が「機能性の高いレジ」をつくって解決しています。コンビニエンスストアに限らずどんな店舗でも使えて、しかも紙ペラ1枚で済んでしまうQRISを想像すると、なんだかなあと思ってしまいます。

競争領域と協調領域

　日本でも競争領域と協調領域という言い方で、「争っている場合ではなく、協調・協力をして社会インフラを整え、その上で競争すればよいのでは」という論調がコロナ禍以降よく聞かれるようになりました。

前述のQRISは、一つの分かりやすい実例と言えるでしょう。実は QRISのような統一QRは世界的には珍しくなく、例えばインドやシンガポールなどでも同様の動きはあり、実は日本にもJPQRという動きはあるのですが、「主要ペイメント事業者のすべてが参加して」とはなかなか簡単にはいかないようです。

　「いつでもどこでも早く使えること」はまさに「便利」であるということにつながります。ペイメント事業者も「誰もがモバイルペイメントを使うという社会環境をなるべく早くつくりたい」と考えていますし、そうなれば認知コストもかからなくなります。

　ただ同時に、各社は自社で独占しようとも考えます。そのため、営業リソースを大量に投下し、メジャーなチェーン店から地方の商店街まで「うちのペイメントを入れてください」と営業し、同時に大量のプロモーションコストをかけて「使うとお得」という状況をつくり出しています。

　それを複数業者が同時期に実施するので、結果として一般ユーザーからすると分かりにくく、「いったいどれを使っていいのか分からない」という状況を生んでしまっています。結果的にユーザーから見て「いつでもどこでも使えるわけではない」「店員さんが戸惑って余計に時間がかかる」となってしまうのです。

　QRISは「いったん完全オープンにし、利便性を重視して皆が使えるようにしよう」という動きがベースにあるので、ペイメント事業者からすると自社の営業力で優位を取ることはできなくなる一方、認知コストや店舗開拓コストをかける必要がなくなり、恐らくモバイルペ

イメント自体の母数はより速い速度で増えていくでしょう。

　そうなってからが競争領域であり、「自分の生活にフィットしている」「使える機能が多い」「使いやすくて速い」「クーポンやポイントがたくさんたまる」といったUX競争をすればよいのではないでしょうか。

　「社会ペインがあるところ」が協調領域になります。この社会ペインはこれまで見てきたように、「一般ユーザーが不便で困っていること」に限らず、宅配が便利になって配達業者が苦しんだように、「特定の領域で負荷が重過ぎる領域」も社会ペインとなります。

　「インドネシアはクレジットカードの普及率も低いから、QRISに統一してもよかっただけ。クレジットカードやNFC決済も多い日本で統一QRコードを行政主導でやったら、反発が起きるに決まっている」という論調はあるでしょうし、それは正論です。QRISはあくまで例なので、そのままやるべきと言っているわけではありませんし、本章の冒頭で「海外事例を無思考に転用して失敗するケースが多く見られる中、インドネシアの事例を日本にそのまま持ち帰ることはできないし、単純比較して考えることに意味もない」としました。改めて自分たちの社会環境のペインと、実現可能な道筋を考える必要があります。

　「いやいや、イノベーションは社会ペインからばかり起きるわけじゃない！」と思っている方、そろそろ出てきているかもしれませんね。そういう方は第3章をお待ちいただきつつ、このまま先を読み進めていただけたらうれしいです。

2-3

ジョイントビジョン：「きれいごと」が ビジネスで通用するOMO時代

MaaSの父からのメッセージ

「社会ペインのために協調していくという考えは、結局お金もうけにならないし、きれいごとである。社会的に良いことをやるのは間違っていないが、そういうのは国や行政が主導してやればいいことだし、企業としては存続や株主への約束達成のことを考えると、そんな悠長なことを言っていられない」

このように考える方は多いかもしれませんが、このアフターデジタル社会においてはそれも逆転していると考えられます。つまり**今の時代、「社会ペインのための協調は、企業が勝ちぬくための必須の姿勢」である**ということです。

少し目線を変えて、インドネシア以外で起こっている現象を眺めてみましょう。MaaS（Mobility as a Service）という言葉を生み出し、MaaSの父と呼ばれるフィンランドのサンポ・ヒエタネン氏は、「もはやオンラインだけでイノベーションを起こす余地はなく、新しい体験やイノベーションはオンラインとオフラインの融合の中で生まれる」と言います。

確かにGoogleやFacebookのようなオンラインで完結するサービスがイノベーションを起こすことは少なくなり、近年はライドシェア

やフードデリバリー、ペイメント、民泊、ゴーストキッチン、IoTなどオフラインとオンラインが融合したサービスが社会の変革をリードしています。

　そしてオンライン、オフラインの両方に強い企業というのは少なく、一企業の力だけでイノベーションを起こすのは難しくなっているとヒエタネン氏は指摘します。アマゾンが2017年にスーパーマーケットチェーンのWhole Foods Market（ホールフーズ・マーケット）を買収したのも、そのことを十分に分かっているからでしょう。

　さらにオフラインの世界では、ステークホルダーが多岐にわたります。例えばペイメントサービスをつくるには、地元のレストランや商店などのオーナーに、そのベネフィットを伝えなくてはなりません。単に「自分の会社にどんなメリットがあるか」だけを考えるのではなく、「相手にとってのベネフィット」をしっかり提示し、納得してもらう必要があります。さらに、それを商店街、街、行政に広げていくと、そこには多種多様なステークホルダーが存在します。そんな中で新しい体験やイノベーションを提供するには、一企業の力だけで何とかするのではなく、多様なステークホルダーに魅力を感じてもらい、賛同してもらうことが重要になります。

　つまり、さまざまなステークホルダーと思いを共にして一緒に動いてもらわないと、オンライン・オフライン融合時代にイノベーションを起こすことはできず、**1つの会社が自らのエゴを掲げて社会の景色を変える時代ではなくなってきている**、ということを言っているわけです。

そこでヒエタネン氏は、「この時代に求められるリーダーシップは変化しており、企業の夢ではなく、いかに共通の夢、理想的な生活のイメージを中心に据えて語ることができるかが重要になる」と訴えます。ヒエタネン氏は、この**社会の多様な人々が共通して「実現したい」と思えるゴールのこと**を、**「ジョイントビジョン」と呼びました**。社会にインパクトを与える活動をするには、ジョイントビジョンを提示することが重要なのです。

「顧客視点」では届かない、「社会起点・生活起点」の重要性

企業が新たなサービスを生み出そうとするとき「自動運転技術を活用しよう」「AIを使おう」とテクノロジーを中心に置いてしまうケースが多々ありますが、これが最もジョイントビジョンから遠い考え方であることはお分かりでしょう。いわゆる手段が目的化した、誰にでも分かる失敗ルートです。

一方で、「もっといいクルマは?」「もっといい家電は?」「もっといい金融商品は?」と考えて、顧客に意見を聞きに行くのは「それは正しいやり方のはずだ」と思っている方は多いでしょう。製品を中心に置いて顧客の現状をリサーチし、新機能を企画することは、すでに存在する商品やサービスの顧客体験を改善することであり間違ってはいません。

しかし、新たな体験や事業をつくろうとイノベーションを考えるときにこのようなアプローチを取ると、本質を見失ってしまいます。例えば、ショッピングセンターの駐車場で両手いっぱいに荷物を抱え、ドアを開けられずに困っている状況を想像してみてください。もしこのシーンを自動車メーカーの人が見たら「新たなペインポイントを見

つけたぞ」とばかりに、キーを持ったオーナーがキック動作をすると
トランクが開く機能を開発するでしょう。「両手がふさがっていてト
ランクが開けられない」というペインポイントをクルマという製品視
点で考えると、そうなるのが自然です。

　ところが社会視点・生活視点で考えると「そもそも両手で荷物を抱
えている状況自体がペインなのではないか」と気付きます。もし誰も
が使いやすいネットスーパーがあり、いつでも生活に必要なものが家
に届くようになれば、週末に日用品を大量に買い込みクルマの前で立
ち尽くすこともなくなるでしょう。解消すべきペインポイントがなく
なってしまうのです。

　ヒエタネン氏は「事業や業界、製品を前提にしてしまうと、視点が
狭くなり、世の中の景色を変える発想は生まれず、自社の部分最適に
しかならない」と言います。彼の言葉で中心に置くべきは「ユースケー
ス」、つまり利用シーンや生活シーンであると言っており、理想の生
活として、「誰もがこうなるとよい」と思えるものを掲げるのが重要
だとしています。

　このようなジョイントビジョンでたくさんの協力者が得られた際の
間違ったマインドセットとして、「ジョイントビジョンによって生ま
れたエコシステムをコントロールしようとする」ことを挙げています。
こうしたマインドだと、表面だけ「きれいごと」を掲げるも自分たち
だけの利益を追求し、いかに主導権を握ってコントロールするかを裏
で考えているわけです。

　ヒエタネン氏は「そうなってはいけないし、そういう人をエコシス

テムに入れるな」と言います。きれいごとのようなことを本気で取り組める人たち同士が協力しないと、外から見て「特定の人たちが割を食う」いびつな形に見えてしまい、結局賛同者が増えずにイノベーションを起こせないのだ、ということです。

2-4
共助と協調による
社会UX向上

共助はビジネスの要請

インドネシアで見た成功事例と、北欧の先人によるアドバイスは、現在日本で重要トピックとして挙げられるSDGsやパーパスの必要性とリンクしているように見えます。こうした「社会善や社会貢献を中心に据える」考え方は時代の要請であり、今の時代、ビジネスで成功するには必須の考え方になっていると感じています。

しかしそれ以上に、「**社会を中心に据えた、協調領域における共助**」は、「**利益を生めるか**」**というビジネス観点から見てもインパクトをもたらす重要な視点**なのではないでしょうか。

大きく分けて以下の2つの理由が挙げられます。

(1) オープン化

利便性を高めてユーザーを増やすには「オープン化」こそが最強の戦略の一つです。API的に横串連携を可能にすると、巻き込めるプレーヤーが増え、かつ認知や利便性が上がることで利用者数も増やせます。

(2) リソースの共有

「リソースの共有」によってコストも機会損失も避けられます。場所や人やモノが空いているタイミングで融通し合ったり、1人のスタッ

フが2つや3つの企業でタスクを同時に実行したりすることも可能で、超高齢社会の対策として必須と考えられます。

　まずは「(1) オープン化」についてです。第2章では「縦割りの日本、横串のインドネシア」と題して横につなげていくことを推奨しましたが、今度はビジネス観点で、縦割りの構造がなぜいけないのかについて、もう少し踏み込んでみます。

　例えば、製品カテゴリーごとに組織が分かれている家電メーカーがあり、製品カテゴリーごとに購入顧客のデータを管理しているとします。ある日、そのメーカー全体で顧客データを統一しようとしても、顧客IDの定義も、取得しているデータの形式もばらばらで、同一メーカー内にもかかわらずつなげられない、または統合にかなり時間とコストがかかると聞いたらどう思うでしょうか。かなりばかげた話に聞こえるかもしれませんが、少し範囲を広げて考えて、「子会社間で顧客データを別管理していて、さらに連携システムも異なっているため、グループ全体として連携させることができていない」となるとどうでしょう。だんだんありえる話に聞こえてきます。これは例え話ですが、これに近いことは当たり前のように起きています。

　「API化してオープンにしていく」というのは、機能を社外のサービスにまで広げて連携をさせていくことに他なりません。例えば、食べログで店の位置を地図で確認する際、Google MapsとAPI連携しますが、仮にAPIが存在しなければ、自前でマップサービスを用意しなければならず、そうなると恐らく地図を表示せずに住所の文字情報を載せ、ユーザーが自分でそれをコピー＆ペーストしてネット上のマップサービスに貼り付けるでしょう。実際、昔はそうしていました。

　もちろんAPI連携しても、多くの場合個人データに当たる情報は一切やりとりしていません。食べログからGoogle Mapsに位置に関する情報を送り、Google Mapsから地図情報をもらいますが、個人情報は一切関係なく、地図に限定したオープン機能なのです（なぜこんな話をするかというと、「いや、海外企業のサービスにうちの顧客のデータを渡すなんてとんでもない！」という勘違いの発言が飛んできかねないためです）。

　この仕組みで誰か損をする人がいるでしょうか。API化したサービス（この場合はマップサービス側）は広く使われるので認知度が上がりますし、内容や回数によっては使用料も取ることができます。APIを使用している側は、多くのAPIは無料で使えるため、APIを呼び出す開発コストだけで新たな機能を得られます。APIが無料でない場合も、その機能を自社開発する場合のコストと、競合サービスのレベル、ユーザーの定着率などから判断することができるので、損をすると思ったらやめることができます（ちなみに、有料APIを使い過ぎるとどうなるか、興味のある人はNetflixで視聴可能な韓国ドラマ「スタートアップ：夢の扉」の第8話を見ることをお勧めします）。

　ユーザーは「いつでもどこでも使えたほうが便利であり、なるべくオープンでつながっていたほうが便利である」という大原則があります。加えて、サービスは「使われてなんぼ」なので、ダウンロードだけされても定常的に使ってもらわなければ存在価値はありませんし、企業も稼ぐことができません。

　「何でも共有し、オープンにせよ」と言っているわけではありません。自社の優位性がある競争領域では、しっかりビジネスとして勝負をす

べきです。ただ、広く利便性を提供したほうがよい領域や社会ペインを解決できる協調領域は、オープンにしていくことが望まれます。また、オープン化はAPI化のことだけを言っているわけではなく、業界共通規格としてそろえるようなことも含んでいます。目的は、ユーザーがなるべく利便性を高く感じられるような構造をつくることであり、それによりユーザーや利用回数が増えること、と考えてもらうとよいかと思います。

社会アセットのリソース共有

ここからは「(2) リソースの共有」についてです。

人的リソースや場所は、ソフトウエアとは異なり有限です。有限なリソースを最大限活用するには、空き時間や空いている場所を有効活用して効率化する方向が目指されます。よく言われる「シェアリング」はこの概念に重なります。特に日本はこれから中長期にかけて、要介護者を含めてシニアの人口が増え、それを少ない労働力人口で支えなければなりません。これはすでに明白に見えている未来と言えるでしょう。

前述した浜松市のフーデリックスは、「タクシードライバーが空いている時間にフードデリバリーの役割を果たす」という、リソースが不足している社会におけるシェアリングの考え方を実践しているとも言えます。この考え方を応用すると、例えばオフィスビルでは清掃員や、自動販売機の補充、オフィス用品のお届けなど、さまざまな業務を担当する方々が来訪しますが、仮に雇用が足りなくなった場合には1人が複数の企業から作業を請け、副業のような形で複数の業務をこなす考え方もありうるでしょう。これは「人のリソース」を共有する

考え方です。

また、「モノのリソース」を共有する考え方として、いわゆるカーシェアリングが分かりやすい事例かと思いますが、未来的な考え方としてはテスラの構想が挙げられるでしょう。「所有したクルマが使われていない時間に自動運転でタクシーとして稼ぐ」という未来を掲げています。テスラ車の購入自体は確かに値が張りますが、将来的には自分が使っていない時間に勝手にタクシーとして稼働してお金を稼いできてくれるようになるといいます。まだ実現のめどは立っていませんが、これも持っているリソースの空き時間を狙った有効活用です。

「場所のリソース」を共有する例としては、シェアキッチンやゴーストキッチンの例が挙げられます。シェアキッチンは、同じ厨房を複数の飲食店でシェアしたり、同じ店を昼は定食、夕方はカフェ、夜はバーなど、時間別や曜日別でシェアしたりするものです。ゴーストキッチンはクラウドキッチン、バーチャルレストランとも言われ、デリバリーのみで受け付けることで、外見は1つのレストランに見えても、デリバリーでは複数の屋号で注文を受けたり、中で食べられる場所は設けずに1つの大きなキッチンを複数の企業で融通したりするモデルが挙げられます。

リソースの共有というよりも売り上げ効率化の観点から、シェアキッチンの応用例として、シンガポールにTiffin Labs（ティッフィンラボ）というスタートアップがあります。同社のサービスを使えば、現在運営しているレストラン業態から、食材、キッチン、調理メンバーを変えることなく、複数のブランドを掛け持ちできるようになります。例えば、もともとイタリアンレストランとして運営しているとして、同

じキッチン、食材、メンバーで作れるカフェ系のメニューやハンバーガーショップのメニューを用意し、フードデリバリーアプリの上では、ハンバーガーショップ、カフェ、イタリアンの３つの店舗として構えることができます。Tiffin Labsの場合は回転率や効率を中心に、今以上に稼げるソリューションとして提供されていますが、発想としては非常に参考になるものです。

　このように、限られたリソースで最大効率を目指すには、人、モノ、場所といったアセットを共有化して互いに融通し合い、コスト効率や生産性を最大化していく必要があります。「オープン化」と「リソースの共有」によって「他のプレーヤーと一緒に事を起こしていく・互いに助け合う」ことは、ビジネスとしても効率や成果が見込め、かつ社会のためにもなっており、まさに今の時代に必要なアクションと言えるでしょう。

第3章

Web3がもたらす
意味性の進化

ここまで、インドネシアにおけるデジタル化の現状を示し、デジタルによる「社会ペインの解決」について考察した他、日本において社会ペインの発掘や共助を進めることについて考えてきました。

　第3章では全く違う方向に視点を向けたいと思います。

　「社会ペインの解決」はこれからの時代を生きる私たちにとってとても重要ですが、私たちの生活はそれだけでは語り切れません。自分らしい生き方を選んだり、気の合う仲間や友人と楽しく過ごしたり、好きな音楽や映画や漫画に没頭したりしていて、「課題解決」の枠に入るようなものばかりではないはずです。第3章では、第2章まででは語り切れていない「新たな価値の生み方」について説明します。

3-1
「利便性」と「意味性」の違いを見極める

2つのレイヤーに分かれる価値

　価値を感じるUXやサービスには、「利便性」と「意味性」の2つのレイヤーがあります。「利便性」はその名の通り、不便を便利にすることです。例えば、交通渋滞や病院の混雑、インターネットが遅い、プロセスが煩雑など、誰にでも分かりやすい課題を解決するのが利便性レイヤーです。解決に向かえば基本的には誰もが共通して「そのほうがよい」と思えるものが対象です。第1章と第2章で見てきた社会課題の解決は、いずれも「利便性レイヤー」の話です（**図表3-1**）。

	考え方	グローバルのすみ分け
利便性レイヤー	**「不便を便利にする」という誰にでも分かるものが対象** ・病院や交通が混んでいる、インターネットが遅い、プロセスに時間がかかる、など **指標が分かりやすく、競争になりやすく、数えるほどしか生き残らない** ・情報が網羅的で速いほうがよい検索エンジンの世界では、ほぼGoogle一強になる、など	**中国を含む新興国がリープフロッグで起こすのはこの領域** ・社会ペインが分かりやすく、大量に潜んでいるものを、モバイルをはじめとする新たなテクノロジーで一気に発展させてしまうような事例はすべてこのレイヤー ・中国、東南アジア、インド、アフリカなどで起こりやすく、逆にこれらの国は「金銭的に豊かになる」ベクトルが強いため、文化的な多様性が十分に発展していないケースが多い ・10億人から100円ずつ集めるような構造になりやすい
意味性レイヤー	**「自分らしい」「好き」という指標が共通しないものが対象** ・このお酒が好き、このブランドが自分らしい、この漫画が好き、など。自分（たち）が特別であることが価値 **指標がなく、価値観や思想で分かれるため、大小はあれども大量に生き残る** ・この音楽が好きで、この人たちを知っていて、このブランドを着ているなんて「分かってるね」となる	**欧米や日本など成熟市場はインフラが固定化しており、この領域が得意** ・「社会にまん延したペインや課題」が見つけにくく、インフラを含めて生活の水準が高いため、利便性レイヤーでの伸びしろがあまりない。制度も整っており、大きな変化をさせにくい ・金銭的豊かさが頭打ちしているため、生き方や価値観に幸せのベクトルを求め、これらがデザインやコンセプトのクオリティーや独自性につながる

図表3-1　利便性レイヤーと意味性レイヤー
出所：著者

不便を便利にするというのは、マイナスをプラスにすることなので、「改善の方向」が明白です。方向が決まっているので改善や改良をしやすいのですが、一方で指標が分かりやすいため、その指標をベースにした競争になりやすく、ビジネスにおいてその競争が激化すると各社内容が似通ってきます。

　例えば一般の消費者がコンビニエンスストアを選ぶシーンであれば、近さ、品質、安全性、品ぞろえ、接客態度、プロセスの速さなどが指標になります。フードデリバリーなら、店のラインアップ、配達の早さ、コスト、アプリの使いやすさや機能、配達員の品質などが指標です。他社と比べる際の指標が比較的分かりやすく、たくさんのプレーヤーが出てきても、価格や速さなど分かりやすい指標において違いが明確に出やすいため、生き残るプレーヤーの数は多くなく、巨大なプレーヤーが残りやすいと言えます。合理的で定量的なものが利便性レイヤーにおける価値の指標である、と考えると分かりやすいでしょう。

　一方の「意味性レイヤー」は、「自分らしさ」や「好き」など、人によって異なる基準や尺度を持つものが対象となります。例えば「このお酒が好き」「この漫画がお気に入り」「この洋服ブランドを愛用している」など、特定の人たちにとって特別であることが価値の源泉となります。

　この意味性レイヤーは、評価基準は人の好みや価値観、思想などにより変わりますし、面白い、センスがいい、かっこいいなど、数値化できない感覚的なもので評価されるため、共通の尺度がありません。お酒や洋服にさまざまなブランドがあるように、あるいは、いろいろな漫画や映画が存在するように、規模の大小はあるにしろ、多くのプ

レーヤーが生き残ります。その多様なプレーヤーの中から自分にとって「特別」なものを選ぶことが、ユーザーにとっての価値なのです。

この利便性と意味性の整理は、著述家である山口周さんの著書『ニュータイプの時代 新時代を生き抜く24の思考・行動様式』（2019年、ダイヤモンド社）を引用しており、同書では、「従来は『役に立つ』が求められてきたが、今後は『意味がある』が重要になる」と述べています。

山口さんはその例として、コンビニエンスストアを紹介しています。ハサミやホチキスといった文房具はたいてい1種類しか置かれていないのに、たばこは200種類以上も置かれています。それは「役に立たないけど、意味があるから」というわけです。また、自動車を例に挙げ、燃費も良くて家族で使いやすいファミリーカーだけでなく、2人しか乗れなくて燃費も悪く、メンテナンスも難しいけど、かっこよかったりエンジン音が良かったりするクルマ（例えば、フェラーリやランボルギーニなどの高級なスポーツカー）にお金を払う人たちがいます。これらにも「意味がある」と感じるからお金を払うわけです。

新興市場と成熟市場、それぞれとの相性

何かしら価値を創造するシーンを考え、この2つのレイヤーに踏み込んでみると、それぞれの環境に応じた「相性」があります。

インドネシアやかつての中国など、新興国がリープフロッグでイノベーションを起こすのは、主に利便性レイヤーです。インフラが未成熟で生活に必要な機能が十分に行き渡っていないため、ジャカルタの交通渋滞のように分かりやすい社会的ペインが至る所に存在します。

未成熟な分、既得権益も少なく、既存のインフラを壊す必要もないため、新しい技術を導入することで社会全体に行き渡っている不便さが一気に便利になり、大きなインパクトを出せます。

　中国、東南アジア諸国、インド、アフリカ諸国などでは、この利便性レイヤーでのイノベーションが多く起きています。対象は国民全員、もしくは、都市に住む人全員になるので、人数が多い一方で単価は安くなります。10億人から100円ずつ集めるようなビジネスモデルが中心になるイメージです。

　一方で、欧米や日本のような成熟市場において求められているのは、主に意味性レイヤーです。インフラを含めた生活水準が十分に高く、医療や交通などの分かりやすい社会的なペインの多くはすでに何らかの形で解決されています。このような市場では、利便性レイヤーにおける伸びしろは、あまり大きくありません。新興国では「1年で給料が10倍になる」ことは起こり得ると感じますが、日本では「1年で給料が2倍になる」ことすらありえないと感じます。金銭的な豊かさは頭打ちとなっているため、生き方や価値観、趣味などに幸せの方向性が向かいやすくなります。その結果、コンテクストの豊かな「意味性」を持つモノやサービスが強く求められるため、こちらは10万人からそれぞれ100万円集めるようなモデルが中心になります。

　市場が未成熟な新興市場では、十分にコンテクストを理解することができません。「コンテクストを理解できない」とは、ニッチな市場は成立しないことを意味します。例えば、楽器演奏でもダンスでもよいですが、歴史が長ければ長いほど技やスタイルが多岐にわたって複雑化して玄人向けになり、ニッチなジャンルでも一定の市場が存在し

ます。「ジャズの即興演奏」「ノイズミュージック」と言えば、日本で
は一定数のプレーヤーがいてライブも開催していますが、新興国では
隠れてそうしたプレーヤーがいたとしても、ライブはほぼ開かれてい
ません。聴く人がいないからです。

　日本はデジタル後進国化してきており、超高齢社会の課題を含めて
社会ペインがまだまだ存在しているため、まだ十分に利便性レイヤー
での発展余地があるだろうと思います（その可能性を第2章で触れま
した）が、インフラもかなり整っているため、一般ユーザーの視点で
マスに存在する目立った不便がないのも事実です。文化的なコンテク
ストが複雑な日本の市場環境としては、意味性レイヤーにおいても学
ぶべきことが多いと思われます。

利便性は共有され、意味性は所有される

　UXづくりやサービス設計、価値創造においては、「利便性」と「意
味性」の特性の違いを捉えることが重要です。端的に言うと、「利便
性は共有され、意味性は所有される」ということになります。詳しく
説明していきましょう。

　**利便性は、「合理的な指標」で評価されます。例えば、いつでも、
どこでも、誰でも、または、安い、速いといったマスでも分かりやす
いものです。**例えば、ペイメントアプリはすべてのお店で使えたほう
が便利ですし、タクシーはいつでもどこでもすぐにつかまったほうが
いいですし、配達はなるべく早く届けてくれたほうがうれしいです。
利便性においては、シェアリングのような共有の仕組みや、APIのよ
うな連携の仕組みは非常に有効に働きますし、なるべくオープンに広
く共有・連携されていると効率よくなります。

近年のテック系ワードで言えば、スマートシティー、MaaS、フードデリバリー、ペイメント、スーパーアプリといったトピックは利便性レイヤーでの進化やイノベーションだと捉えられます。「1つの大きいサービスにまとまっていたほうが楽なのか、複数の小さいサービスがあったほうがいいのか」と考えるとよいでしょう。前者が「利便性」で、後者が「意味性」です。

　「OMO」というキーワードは、利便性の進化を代表する言葉であると捉えられます。OMOは中国で生まれた言葉ですが、その原義からするとオンラインとオフラインが融合することでフードデリバリーやネットスーパー、シェアリング自転車などが登場し、オンやオフをいちいち考えなくてもそのときに選びたい一番便利な方法が選べるという、圧倒的に利便性が高まった状況を指していました。第2章のサンポ・ヒエタネン氏の発言を考えても、オープンになることや協調することで生まれる利便性の価値を指しています。

　つまり、なるべくオープンで、なるべく多くの人を巻き込み、共有・協力・連携できることで価値をどんどん大きくしていきます。

　これに対し**意味性は真逆で、所有や優遇など特別感を抱く方向に進むことで価値をどんどん大きくしていく性質**を持っています。ユーザーが次のようなことを重視する場合、それは意味性に該当します。

- どれだけ自分らしさを表現することができたか。
- 自分が特別な立場にあり、それをいかに周囲に証明できるか。
- 普通の人に分からない価値を理解し、数少ないその価値が分かる人にどれだけ賛同や称賛をされるか。

- 自分が好きなコミュニティーにどれだけ貢献したか。
- 自分の着てきた服のコンテクストやメッセージを理解して受け取ってくれるか。

このように、限られた人しか分からない・選ばれない、またはお金で買いたくても買えないといった、優遇や特別感、唯一無二感が意味性につながります。自分一人だけが分かっていればよいかというとそうではなく、同じ価値を理解してくれる仲間や、同じストーリーを追いかける仲間がいることは重要なのですが、多ければ多いほどよいというわけではありません。選ばれし人たちが分かり合えるような、他にはないコミュニティーをつくっていたのに、そこに誰でも入れるようなオープン性を持たせてしまうと、唯一無二感が失われて興ざめしてオリジナルメンバーは去ってしまいます。どんなに意味があるものでも、無料で誰でも手に入るものになったら、それは意味性を失います。テスラやフェラーリが安価で誰でも持てるものになってしまえば、今のような価値は感じられないでしょう。

近年のテック系ワードで言えば、NFT、Web3、メタバース、コミュニティー、D2Cといったトピックは「意味性を進化させる」という文脈で特に重要な技術や手法であると捉えられます。メタバースで自分だけのアバターや家をつくったり、限られたNFTを所有したり、限られた人しかメンバーになれないコミュニティーに参加できたり、自分の好きなブランドに名指しで呼ばれて商品開発に関われたり、それらはすべて意味性の価値増幅だと言えます。

つまり、なるべくクローズドで、なるべく一緒に熱狂し、理解し合える限られた人数のみを巻き込み、その小さなコミュニティーの中で

は共有・協力・連携がされたとしても、基本は所有・排他・独立できることで価値をどんどん大きくしていきます。

「利便性は共有され、意味性は所有される」という言葉の意味が伝わったでしょうか。

交ぜてしまうと痛い目に遭う利便性と意味性

利便性と意味性が「真逆な特性を持つ」ことは重要で、用法を間違うと痛い目に遭うことになります。例を示しましょう。

「高級車のカーシェアリング」は、世界的に見てもうまくいっている事例がありません。確かに「憧れのクルマに一度は乗ってみたい」という気持ちは誰しもあるでしょうが、高級車は意味性の産物で、その世界観にどっぷりハマることに意味があります。所有によってどんどん自分のモノになっていき、愛車として特別な存在になってこそ、意味性を感じられるのです。

そもそもカーシェアリングというサービスは、クルマがほとんどの時間使われずに放置され、にもかかわらず、ひたすら過剰に生産されている状況の中で、そこまで日常的にクルマに乗らない人が必要なときだけ乗れるようにしたサービスです。重要なのは必要なときに空きがあってクルマに乗れることであり、そこには意味性はなく、利便性しかありません。

SDGsの流れで環境意識が高まり、クルマの所有自体が問われる世の中において、それでもクルマやドライブが好きな人に限ってクルマを所有する時代です。クルマ好きだからこそ「いつか乗ってみたい」

と感じる高級車と、クルマに利便性しか求めない人向けのシェアリングは、コンセプトが相反しているわけです。

　他にも、意識の高いライフスタイルを押し付けてしまうスマートシティーもうまくいかないでしょう。街とはそもそも公共的でオープンなもので、そのインフラの上で人々は自分の好きな生活、自分らしいライフスタイルを選んで暮らしています。その街側が、選択の自由を提示せず、ライフスタイルを指定したら、人々は余計なお世話だと感じてしまうのではないでしょうか。ライフスタイルは自分らしさを投影したい意味性のトピックなのですが、一方でスマートシティーは街というオープンな存在をデジタルでさらに便利にする利便性側のトピックです。この2つを交ぜてしまうとコンセプトが相反してしまいます。

　その点、『アフターデジタル2』で紹介した中国の次世代電気自動車メーカーNIO（ニオ）は、利便性と意味性を正しく捉えているように感じます。

　NIOは中国でテスラのライバルとも呼ばれる存在で、ユーザーに対するコミュニティー戦略によって高いロイヤルティー（愛着や忠誠度）を生み出していることで有名です。NIOのファンユーザーが率先して同社のクルマの良さをアピールして販促したり、NIOファンユーザー同士で音楽バンドを組んで年に1度開かれるNIOの大規模イベントでライブ活動をしたり、コミュニティーラウンジで日常的に開かれるイベントに毎週家族で参加するユーザーが多かったりと、NIOファンユーザー同士の交流が盛んです。

　NIOは、クルマの機能面のサポートとして「NIOサービス」と呼

ばれるサブスクリプションサービスを提供しています。クルマの購入者の約8〜9割が利用しているサービスで、年間20万円程度を支払えば、クルマのメンテナンス、保険、Wi-Fiなどを利用することができます。ただし、クルマの機能とは関係ないものは対象外で、例えば、コミュニティーラウンジのイベント、ラウンジでの本の貸し出し、NIOオリジナルグッズなど、ライフスタイルに関わるものはNIOサービスには適用されず、別途有料の都度課金です。しかし、NIOのユーザーはNIOの世界観にどっぷり漬かりたいと思っており、まるで「推し活」のようにNIOを応援するファンとして、そうした都度課金にも進んでお金を払うのです。

　利便性の領域はサブスクリプション化できる一方で、意味性の領域は「払えるならもっと払って応援したい」とユーザーは考えます。NIOの事例は、利便性と意味性という2つの価値提供をうまく使い分けている良い事例であると言えます。

3-2
Web3と
アフターデジタル

　「利便性は共有され、意味性は所有される」という2つのレイヤーで世の中の進化を考えたとき、Web3をはじめとしたNFTやメタバースといったトレンドは、新たな可能性を見せてくれます。それは、意味性をこれまで以上に増幅できるテクノロジーが、より自分らしい生き方の実現や、ライフスタイルや思想への賛同、自分の居場所をつくっていくことを可能にし、利便性が見せたオープンな進化とは異なる、クローズドな体験価値の進化をつくり出してくれる、ということに他なりません。

　Web3、NFT、メタバースといった近年注目されるキーワード（以下、これらを総称して「Web3」と呼びます）は、特に意味性を豊かにする文脈において、重要な技術だと考えています。2022年、Web3が急速に注目を集め、さまざまな企業の中でWeb3をどのように扱うかが急激に取り沙汰されましたが、その後、テック株の落ち込みに合わせてWeb3の話も幻滅期に入っているようです。

　ただ、幻滅期に入ったからといって、「Web3は一過性のもの」と評価するのは適切ではありません。本書の観点からは、Web3にまつわる話は重要な流れと技術であり、時代変化の一端を予期しているものと捉えています。

　Web3には大きく2つのポイントがあります。1つ目は「意味性か

ら生まれる所有という共同幻想が、より強化された世界観が生まれること」。2つ目は使い方次第ですが、「インセンティブ革命が社会共同資本をもたらし、人々の持続的な協力関係をつくること」です。

これら2つのポイントは、極端に言えば「Web3の得意領域」にすぎず、別の方法で実装することも可能です。しかし、Web3への注目やさまざまな実験から新たな可能性のヒントが得られ、才能も技術も資金もそこに集まることで加速していくのは間違いありません。インターネットバブルが「根拠なき熱狂」と言われてその後に崩壊し、その上に今のインターネット前提の社会があるように、Web3が少し落ち着いたからこそ、見失ってはいけない要諦を理解しておく必要があるのではないかと考えています。

ここでは、Web3がUXづくりやアフターデジタルにもたらす影響、相乗効果について見ていきながら、特に「意味性の進化」で発展していく世の中の一端を示せればと思います。

Web3によるインターネットの本質的な変化

アフターデジタルという概念は、デジタルとリアルの融合を中心に語ってきただけに、一見するとWeb3やNFT、メタバースとは離れた世界観を示しているように見えますが、Web3が本質的に変えることとアフターデジタルの概念は、とても相性がいいと考えています。

Web3にはいろいろな定義がありますが、ものすごくシンプルに言うと「**ブロックチェーンを使って起こる、インターネットの変革**」ということができます。DAO（分散型自律組織）やNFT（非代替性トークン）、最近だとDID（分散型ID）など、いろいろな言葉がありますが、

あくまでそれらはブロックチェーンを使った応用です。

Web3やブロックチェーンが変えていくものの本質は、**「情報のインターネット」**が**「価値のインターネット」に変わる**ということです。では、「情報のインターネット」とは何でしょうか。糸井重里さんは著書『インターネット的』（2001年PHP新書、2014年PHP文庫）において、インターネットの本質を「リンク」「フラット」「シェア」であると喝破しました。

インターネットによって、クリック一つで遠くの情報にアクセスでき、誰もがスマホを通じて動画や写真を「フラット」にアップしたりコメントを共有できたり、気に入った情報があればコピー＆ペーストをすることで「シェア」したりすることができます。情報は簡単にコピーできるので、遠くにあるものを小分けにしてつないでいくことができます。いろいろな情報をつなぎ、マッチングすることが可能です。

それにより新しい機会をつくっていくことが、インターネットがもたらした大きな変革でした。誰もがウェブに情報をアップできるようになり、これまで一部の人しか知らなかったおいしいレストランの情報や初めて訪れた街の観光情報が、誰にでも簡単に手に入るようになったのもその一例です。

さらに個人のレベルでは、文章や写真や動画などのコンテンツをインターネット経由で多くの人に直接届けられるようになり、クリエイターズエコノミーが生まれました。「情報のインターネット」は、私たちの社会にこのような変化をもたらしたのです（**図表3-2**）。

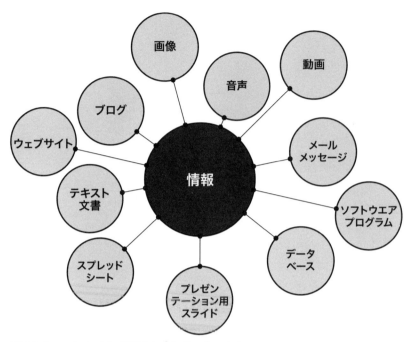

図表3-2　これまでの「情報のインターネット」

　一方で、Web3がこれからもたらすのは「価値のインターネット」です。ブロックチェーン技術により、「コピーされると困るもの」を自由にコピーできないようにして、インターネット上に流通させられるようになりました。これが変革の起点になります。コピーできる情報だけではなく、コピーされると価値を失うものも、移動させることが可能になったということです。もう少しかみ砕いて説明します。

　インターネットの長所の一つは「情報をすばやく届けられること」ですが、一方で「簡単にコピーができてしまう」という欠点があります。これは、文章や写真、動画、ウェブサイトそのものにも言えることです。

　簡単にコピーできるが故にシェアしやすく、加工もしやすい。このためオープンソースのように、コピーして共有しながら、複数の人がいろいろな情報・モノを同時並行でつくり上げることができます。一方で、世の中には「コピーされたら困るもの」や「コピーされると価値が下がってしまうもの」もたくさんあります。これをブロックチェーン技術によって、インターネット上で流通させられるようになることが、本質的な価値になります。

　コピーされたら困るものとして一番分かりやすいのは「お金」です。もしお金がインターネット上で簡単にコピーされたり、1000円が100円に勝手に書き換えられたりしたら困りますよね。ブロックチェーンは、お金を管理する中央銀行のような存在がなくとも、コピーや改ざんを防ぎ、信頼を担保できるとされる技術なのです。もちろんお金以外にも活用できる技術なので、ブロックチェーンによってインターネット上で価値の流通が起こるのです（**図表3-3**）。

　価値の流通は主にお金から始まりましたが、**図表3-3**にあるような他のものへの適用も始まり、「相性がいい」とされるのがデジタルアート作品です。ブロックチェーンを応用したNFTによって「唯一の本物である」と証明できるようになり、アート作品として流通するようになったのです（NFTは「本物である」という証明であり、デジタル作品自体をコピーできなくする技術ではない）。今後はDIDと呼ばれる「本人の証明」も普及するでしょう。「これはあの人がやった仕事だ」「あの人の貢献によりこれが完成した」というような人的資本についても、コピーされず本物として流通できるようになります。このような形で「情報のインターネット」が「価値のインターネット」に変わっていくのが、Web3の本質だと言えます。

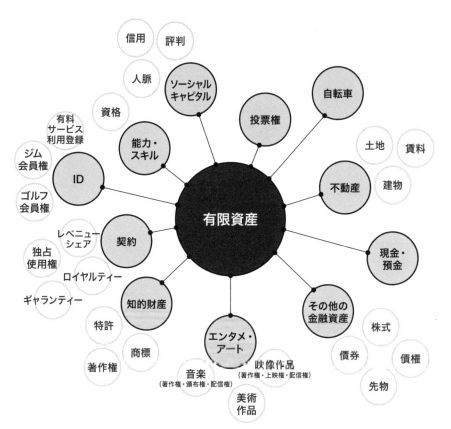

図表3-3　Web3がもたらす「価値のインターネット」

Web3が成功するためのトークン循環サイクル

　では、Web3がどのようにアフターデジタルにつながっていくのでしょうか。これを端的に表しているのが、このループ構造の図です（**図表3-4**）。

　この図は、Web3をリードするベンチャーキャピタルのアンドリーセン・ホロウィッツ（通称a16z）社が、Web3の重要性を米政府に説明するために作成した図を簡略化したものです。この図を説明していきたいと思います。

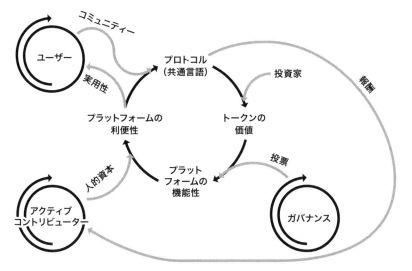

図表3-4　Web3の分散ループ構造設計

　これまで何か価値をつくっていくとき、「価値をつくる人」「価値を育む人」「それを使う人」の三者が分断された存在でした。例えば、価値をつくるクリエイターやアーティスト、価値を育むインフルエンサーやキュレーター、そしてそれを使うユーザーが同じSNSを使っていたとしても、それぞれの投稿やバズによって影響を受けたり、直接的につながったりしているわけではありません。

　しかし、Web3ではこの三者をつなぐループ構造のプラットフォームをつくることができます。ベースとなるのが「価値を生み出す基となる『機能』を流通するプラットフォーム」です。ここではプラットフォームとして、実際にはWeb3ではありませんが、イメージのためにInstagramのような写真を投稿・閲覧できるベーシックなプラットフォームを想像してみましょう。写真を投稿・閲覧できるだけでは人々はあまり価値を感じませんが、コメントが付けられる、「いいね」を

付けられる、1日で消える即時的シェアもできるようにする、ライブ放送できるようにするといった「機能」が追加されると、人々は価値を体感するようになります。

　ここで追加される「機能」が何を指すのかが1つ目のポイントです。「アプリに追加された新機能」のようなものだけを指すのではなく、「常時ライブ放送をしてくれるインフルエンサー」や、「TikTokではやっている動画を転載する人たち」なども、プラットフォーム上では体験価値を膨らませる役割を担っているので「機能」に含めて考えます。

　このようなプラットフォーム、つまり「場」は、投資家などから得た資金によってつくられるのですが、つくる段階から先を見越し、機能が追加され過ぎて無法地帯になったり、誰かが急に主導権を握って独裁したりしないよう、ガバナンスの仕組みも組み込んでおきます。

　このプラットフォームに価値を提供するのが「アクティブコントリビューター」と呼ばれる人々です（**図表3-4左下**）。これはプラットフォームに対して人的資本、つまり自分の時間や労力を投資して機能を生み出し、貢献していく人で、例えばプログラマーやゲームの運営者、解説者などが挙げられます。こういった人々がプラットフォームに機能を追加することで、「いいねやコメントを付けられる」などの「使い勝手の良い、できることの単位（ユーティリティー）」が追加されていきます。アクティブコントリビューターは、人的資本を投下してプラットフォームで貢献した見返りとして、プラットフォーム内で流通する通貨のような「トークン」を得ることができます。

先ほど、「実際にはWeb3ではありませんが、イメージのために Instagramのような」と書きました。何が「Web3かどうか」を分けるのでしょうか。それが2つ目のポイントです。Instagramならば、社員であるエンジニアが会社の指示によって機能やユーティリティーを追加し、対価として給料をもらいます。しかし、ここで説明しているWeb3の仕組みでは、**何か会社のようなものを想定しているわけではなく、「このプラットフォームは面白そうだ」と思って集まり始めた人たちが、自分の強みを使って積極的に場に貢献している**ようなイメージです。だから「アクティブコントリビューター」と呼ばれるわけです。

そうすると普通であれば、企業のような胴元がいない中で貢献しても見返りがないわけですが、**そうした見返りが「トークン」という、そのプラットフォームで価値を持つ通貨やコインのような形で戻ってくるようにプラットフォーム自体が設計されている**のです。一見プラットフォームをつくった人が「胴元」のように見えるかもしれませんが、その人はプラットフォームをつくったものの、胴元のように振る舞うわけではなく、あくまで「皆が遊べる場所をつくった人たち」くらいに考えたほうがよいと思います。

アクティブコントリビューターの機能提供によってプラットフォームが便利になればなるほど、ユーザーが使うようになります。すると利便性が上がったことで新たな行動が増え、同じ行動をする人たちがその変化を一緒に楽しんだり、行動する上で見つけた工夫やティップスをシェアしたりと、コミュニティーが形成されていきます。利便性によってどんどんアクションが誘発されていくと、結果として近い行動特性・ライフスタイルの人々が集まってグループとして力を持つよ

うになり、新しいカルチャーやライフスタイルを持ったコミュニティーグループとしてメジャーとなれば、外部から憧れを持たれ、吸引力を持つことすらあります。

　何がこのプラットフォームの「貢献」になっているのかを定義し、その貢献をした人が、集権的な胴元からではなく分散的な仕組みから評価され、トークンという形でインセンティブを受け取ります。「貢献」の結果、その場の有益性が高まり、それをユーザーが「ユーティリティー」として受け取ると、その場がどんどん使われて盛り上がっていきます。場が活性化されていくことで、さらに投資家が集まり、より良い場所にするためのガバナンスも機能するというループが生まれます。箇条書きにして整理します。

- 基本プラットフォームの上に機能が提示される。
- 機能がプラットフォーム上で「ユーティリティー」に昇華され、「誰もが使える体験」や「特定の対象が夢中になる体験」が生み出される。
- 夢中になった人たちがコミュニティーをつくり、熱量を帯びた意味性や盛り上がりを生んでいく。
- 機能を生んだ人、コミュニティーに貢献をした人にトークンがインセンティブとして配布される。
- 全体の熱量で場が活性化されると資金も集まってくる。

　この「貢献と評価」による活性化のループ構造こそがWeb3の基盤なのです。

利便性は共有され社会共通資本をオープンに加速する

　図表3-4のループ構造は、インドネシアのGojekの例がフィットし

ます。一人ひとりのバイクドライバーやフードデリバリーの料理を作るレストラン、小さなパパママストアのオーナーなどが、ここで言うところのアクティブコントリビューターといえます。彼ら彼女らが自分たちの人的資本を投下していくことで、利用者の体験、つまり現実のUXがものすごく滑らかで使いやすいものになっていきます。このように、自分たちの人的資本を投下して利便性を追加すると、共通資本であるプラットフォーム全体の利便性が上がり、頻繁に利用するユーザーも増え、プラットフォーム自体の価値が上がります。

　現状GojekはWeb3の仕組みではありませんが、仮にこれをWeb3に適用して考えるなら、このような構造でプラットフォーム自体の価値が上がると、そこで流通するトークンの価値も上がるため、アクティブコントリビューターをはじめとしたトークンを持つ人はより多くの収益を得られるようになります。またプラットフォームに便利な機能を提供すると、その利用料をアクティブコントリビューターが得ることができるかもしれません。

　「利便性は共有される方向に向かう」と前節で説明しましたが、まさにWeb3の根幹として、小さなアクティブコントリビューターがそれぞれ人的資本を投下していくことにより、さまざまなプラットフォームで共通機能の利便性を上げていくような場がつくられていきます。

　その「場」が使われれば使われるほど「場の価値」が上がり、「場の価値」が上がれば上がるほど収益を上げられます。このような構造により、「アフターデジタル型社会インフラ」とでもいうべき「社会共通資本」が立ち上がりやすくなるのです。

意味性は所有・保有に向かいクローズドに熱を帯びていく

　ユーザーが同じ機能、同じ利便性を使っていく中で、徐々に仲間としてコミュニティーが形成されていきます。すると、今度はここにいろいろな「意味性」が発生しやすくなってきます。

　特にWeb3の世界では、「誰がつくったか」「誰がどう扱ったか」を、すべてブロックチェーンの履歴として残すことができます。またそのモノの所有者やコミュニティーに貢献した人などを明確に記すことができます。それを使えば、**あるコミュニティーに貢献した人たちだけが集まる特別な空間や、ある特別な場所に参加した人だけが持てる特別なトークンを、コピーできないものとして付与**できます。

　こういったトークンは、お金や株式に変換できるような、合理的で定量的な価値とは違う、ここで生まれた貴重な一期一会の体験をしたという「意味」を持つことになり、そのトークンを持ち続けたい、コミュニティーに帰属したいといった「意味性の価値」を付与できるようになります。

　2022年に日本で話題になったNFTの活動事例として、山古志地域（旧・山古志村）のNFTがあります。新潟県長岡市にある地域で、錦鯉の産地として有名な山古志は、2004年の中越地震で深刻な被害を受け、全村民がいったん集落の外へ避難した後どうしても人口が戻り切らず、800人まで減り、財源もなくなる危機に立たされていたそうです。関係人口を増やし、自ら財源をつくり出すことができないか、という議論の中で生まれたのが「NFTアートを山古志の電子住民票として発行する」という企画でした。NFTを通してデジタル住民に

なることで、山古志のリアルな住民とつながり、例えばデジタルプラットフォーム上で今後のプランを議論して投票するなど、共に地域課題の解決に取り組むメンバーになります。今やリアル住民より、デジタル住民の数のほうが多くなっているとのことです。

　これに対して「NFTである必要はないのでは？」「普通に会員権を配ることと何が違うの？」という方もいるでしょう。確かにそれでも成立はするでしょうし、「NFTでしかできないこと」かと言われるとそうではないかもしれません。実際、「これまでも山古志に関わって応援してきたけど、不慣れなテクノロジーに基づいた企画なので疎外感を抱いている」という声もあると、山古志住民会議のnoteに書いてありました＊。

＊山古志住民会議によるnoteには、立ち上げの理由や思い、その後の経過報告などが詳しく書かれています。良かったことも悪かったことも書かれており、知見のシェアまで含めてとても面白い取り組みです。
https://note.com/yamakoshi1023/n/n1ae0039aa8a4

　しかし、「錦鯉のNFTアートを買う」という行為と「コミュニティーへのアクセス権」が引き換えになっている点はやはり重要で、仮に「地方創生に協力してくれる人」を集めるのであれば、「会員権を販売する」という方法ではなかなか難しかったでしょう。NFTの枠組みが前提になっていたのでお金を絡ませやすく、村の財源を得る上で動きやすくなっていますし、初期投資して自分もその価値を上げることに参画できることや、明確な証明書がもらえてそれが人に自慢したくなるような個人の喜びにつながっていることなど、NFTアートがもたらしてくれたメリットは大きいと思います。

　第1弾のNFT発売時、「初めてNFTを購入した」と答えた方が多く、「NFTに興味はなかったが初めてNFTを購入したいと思った」といっ

た声もあったそうで、2022年2月末までの情報では、購入後転売した人はゼロだったそうです。まさに、意見に賛同してそのメンバーになる証明書を手に入れることに価値があり、コミュニティーに帰属することの価値を強く持っているものですし、仮に値段が上がっても、支払ったお金は地方創生の財源として活用されます。

　特に個人的に面白いと感じるのが「転売しにくさ」です。NFTだからこそ「誰がいつ売りに出したか」も明確に記録されて公開されるので、本当に企画の趣旨や思いに賛同してメンバーになったのか、それとも転売目的で買ったのかがかなり分かりやすく世に公開されます。投機的な目的での参加ハードルが高く、本当に貢献意識を持った人たちが集まりやすい仕組みになっている点は、Web3の世界、NFTならではのメリットが出ていると感じます。

　このようにWeb3によって「意味性の価値」が付与され、強化されることにより、UXづくりの選択肢にしていくことができるわけです。「提示された世界観と自分が強く結びつくこと」を可能にし、世界観に自分が一方的に従属するのではなく、自分らしさの発露としてその世界に貢献や干渉といったアクションができるという双方向性を持っており、それによって自分らしさを受け入れてもらえる「帰りたい場所」になるという居心地の良さをつくり出すこともできるでしょう。この設計については、この後さらに事例を紹介します。

　この「意味性の付与」ができるようになってくると、「コミュニティーの世界観をより大きくするために推奨される行動」が定義され始めます。これは前述の「ユーティリティー（できることの単位）」の中でも、特にコミュニティーに貢献するものが発見されるイメージで、これが

発見されるとユーザーやアクティブコントリビューターの行動があたかも文化や価値観のように方向づけされ、ループとして循環していくことになります。

3-3
Web3の
「体験」とは何か

前節で示したWeb3を整理すると、こうなります。

「意味性の付与やその増幅が、より自分らしい生き方の実現や、ライフスタイルや思想への賛同、自分の居場所をつくっていくことを可能にし、利便性が見せたオープンな進化とは異なる、クローズドな体験価値の進化をつくり出す」

これをより深く理解するために、少しでもNFTに詳しい方なら皆が知っている、最も人気のNFTコレクション「Bored Ape Yacht Club」（ボアード・エイプ・ヨット・クラブ、以後通称の「BAYC」と表記）を例に、Web3が示している「**意味性によるクローズドな体験価値の進化**」を語っていきたいと思います。その前に「NFTコレクションとは何か」を説明します。

NFTコレクションとは

少し基礎的なお話をしますと、まずNFTコレクションとは、デジタルアートをはじめとしたNFT商品を購入して所有することを言います。所有するには通常いくつかのプロセスが必要で、始めるには少し時間がかかります。NFT商品を買うには、多くの場合、専用の「お金」「口座（取引所）」「財布（ウォレット）」を用意し、「EC（マーケットプレイス）」で買い物をするのが通常です。通常の買い物との比較を表にまとめます（**図表3-5**）。

	通常の買い物	NFT購入
お金	日本円、米ドルなど	仮想通貨 （イーサリアム、ビットコイン、 リップルなど）
口座 （取引所）	銀行口座、株式 の証券取引口座など	コインチェック、ビットフライヤー、 バイナンスなど
財布 （ウォレット）	普通の財布、PayPay、 Apple Pay、Amazon Pay など	メタマスク、その他コインチェック などの取引所の発行するウォレット など
EC （マーケット プレイス）	Amazon、楽天など	海外のOpenSea、国内のLINE NFT、 楽天NFTなど

図表3-5　通常の買い物とNFTとの相違点

　図表3-5にあるものをそろえないとNFTコレクションを買うことができないのですが、1種類のコレクションを集める場合のみ、専用アプリさえダウンロードすれば、それで購入が完結する場合もあります。例えば、日本では「よしもとコレカ」（吉本芸人のNFTコレクションカード）、海外なら「NBA Top Shot」（バスケットボールリーグNBAのデジタルコレクションカード）のように、そのサービスのアプリ内で完結して現金からコインに換えて購入し、現実のコレクションカードを買ってQRコードを読み込み、NFTとして保存するケースがそれにあたります。

　NFTの場合、「このマーケットプレイスではこのウォレットとこの通貨しか使えない」といった相性のようなものがあります。例えば、世界最大級のマーケットプレイス「OpenSea」でNFTを購入するなら、そこで使える最もメジャーなウォレットは「メタマスク」になります。アマゾンで「Amazon Pay」、アリババのタオバオやTmallで「Alipay」を使って買い物をするようなものと思って構いませんが、価値が可変する暗号資産に一度変換している点が大きく異なります。

必要なものをそろえたら、マーケットプレイスでNFTコレクションを購入することになります。OpenSeaのコレクションランキングを見ると分かりますが、大半の人気NFTコレクションは、一定のルールで自動生成されたアイコンのようなものです。モノによっては購入可能なアートやアイコンが公開されておらず、購入後にしか中身が分からないもの、あるタイミングにならないと中身が発表されないものなども存在します。例えば、類似したアイコンが1万個あり、自分が選んだコレクションが世界で1つのデジタルアイコンになる、ということになります。

　「集めるだけで何もできないの？」「Web3やNFTってそれだけなの？」「アイコンを買った後で価格が上がるのを待つ投資商品なの？」といった疑問が生まれそうですが、それらについては、BAYCを例に順を追って説明します。

Yuga LabsとBAYCの世界観

　BAYCとはYuga Labs（ユガラボ）社が2021年4月にローンチしたNFTコレクションで、退屈した類人猿をモチーフにしています。暗号資産のイーサリアム（「ETH」と書きます）で取引され、例えばあるアイコンは77ETHで販売されていました。本書執筆時点の1ETHは約20万円なので、77ETHは約1500万円になります。

　「類人猿の画像1枚が1500万円です」と言われると、「なぜそんなに高いの」となってしまいますよね。実際、BAYCのアイコンは1万個つくられていて、OpenSea上では所有者が6400人います。当初はもちろんもっと安かったのですが、ジャスティン・ビーバーやサッカー選手のネイマール、ラッパーのエミネムなど、著名人が所有したこと

で価値がどんどん上がっていきました。1アイコン約5000万円になっていた時期もありました。

これだけを聞くと「先に目を付けて買っていれば価値が上がる、単なる投機の話」「一部の人が有名人に買ってもらい、価値を上げてお金もうけした話」に聞こえますが、「価値がついているNFTアート」を分析していくと、「世界観とプランを掲げ、それらに対してコミットメントすること」が重要であることが分かってきます。

まず「世界観」の話をしましょう。BAYCを提供するYuga LabsはNFTコレクションの制作スタジオであり、一部で"未来のディズニー"と評されています。それは、単なるアイコンにとどまらない世界観を持っているためです。彼らのウェブサイトには「Shaping Web3 Through Storytelling, Experience and Community」(ストーリーテリング、体験、コミュニティーを通してWeb3を形づくる)と書かれています。

本書を執筆している2022年10月現在、最大のNFTマーケットプレイスであるOpenSea全体のトップコレクションを見ると、次のようになっています。

1位　Crypto Punks
2位　Bored Ape Yacht Club
3位　Otherdeed for Otherside
4位　ENS: Ethereum Name Service
5位　Mutant Ape Yacht Club

ランキングトップ5のうち、4位を除く4つがYuga Labs提供です。これらを含め、Yuga Labsの提供するコレクションには1つのつながった世界観があります。

Yuga Labs社が提供するNFTコレクションの世界観的つながり

- BAYCの類人猿の派生シリーズとして、所有者に「血清」が配られ、それを使うと突然変異したミュータントシリーズ「Mutant Ape」に変身する。なお、Mutant Ape単体でも販売されている。
- 類人猿の飼っている犬という設定のBAKC（Bored Ape Kennel Club）も存在する。
- 2022年、Yuga Labsは、類人猿たちが存在する世界として「Otherside」というメタバース空間（彼らはメタRPGと言っている）を提供することを宣言した。
- Othersideのコンセプト映像を見る限り、全くデザインの違うCrypto Punksや、その他Yuga Labsに登場するアイコンもOthersideに登場可能と思われる。
- その後、Otherdeed for Othersideという、メタRPG「Otherside」の中の土地が販売され始める。
- Othersideで今後使われるであろう暗号資産のApeCoinが発行される。

　こうした特徴から読み取れるのは、「BAYC世界観のメタバース化を目指す」という宣言です。もしかしたら宣言だけで何もしないかもしれませんが、BAYC世界観の実現のために、2022年3月には約4.5億米ドルの資金を調達しており、実現に期待が集まっています。

　BAYCほど大がかりなものなら、もはやあまり気になりませんが、

今後成長するNFTコレクションを探そうとする際は、専用のDiscord（ディスコード：コミュニティーに特化したコミュニケーションアプリ）やその他SNSなどの発信を見て、そのコレクションのロードマップ（今後の発展計画）やコミュニティー運営能力を確かめ、信頼性やビジネス展開能力、ビジョンなどを確認するのが通常です。

コレクションホルダーにとってのインセンティブ

BAYCのコレクションを持つということは、BAYCのコミュニティーの一員であるということです。コミュニティーの一員になると、さまざまなインセンティブがあります。こちらも列挙しましょう。

専用のコミュニティーに入れる
- 保有者の専用チャットグループがあり、前述の有名人も一人の保有者としてそこに参加が可能である。
- ApeFestなど、保有者のみが参加できるイベントも実施されている。
- 東京ではMutant Apeの保持者のためのコミュニティースペースがオープン予定である。

商用利用が可能である
- ほとんどのNFTコレクションは商用利用不可だが、BAYCは自分が所有しているキャラクターの商用利用が可能で、Tシャツやスマホケースなど、さまざまな形ですでに販売されている。

さまざまなエアドロップ（配信コンテンツ）がもらえる
- BAYCを持っている人にミュータント化する血清が配られた。
- 所有者にはApeCoinが配布される。

- その他今後も何か新たな動きがある際には、所有者が受け取れるコンテンツがあると思われる。

特に商業利用やコンテンツの二次利用は面白く、コレクションホルダーがグッズや漫画などにしているケースがあります。そうしたコンテンツをつくればつくるほど世の中に認知され、コンテンツの人気や価値が高まります。つまり、コミュニティーに貢献することができるのです。

このコンテンツ化で最近一番驚いたのは、BAYCの所有者である米国の2人のラッパー、エミネムとスヌープ・ドッグの行動です。彼らが2022年6月に発表した「From The D 2 The LBC」という曲の動画に、2人の所有する類人猿が登場するのです。有名ラッパーの動画なので認知効果は絶大で、YouTubeで約6000万回再生されています。この調子で世界に広まると、NFTに縁がない人にも「この猿よく見るけど何だろう」となる日が来るのは遠くないかもしれません。

ここまでできているNFTコレクションはまだ少ないですが、映画化やアニメ化、リアル商品との連動などを含め、今後の展開をロードマップとして示すコレクションは多く存在します。サンリオの世界展開の立役者として有名な鳩山玲人さんは、有名NFTコレクション「Azuki NFT」のアドバイザリーにもなっており、日本がけん引するカルチャーとビジネスのクロスオーバーの第一人者です。

彼が米国でNFTに関わる中で感じていることを伺うと、日本でははやりに乗ってNFTをやろうとすると単発で考えがちだが、米国でNFTに取り組む人たちは3年後、5年後に映画やアニメにするなど

の大きなビジョンがあり、その制作費の資金調達のために先んじてキャラクターをコレクション化して売っている側面があるとのことで、NFTコレクションは単発ではなく長期で考えたときの第一歩だということを思い知らされました。

「集めるだけで何もできないの？」「Web3やNFTってそれだけなの？」「アイコンを買った後で価格が上がるのを待つ投資商品なの？」といった疑問に正対するとこうなります。例えばBAYCであれば、所有することで"未来のディズニー"の世界が生まれていく一端を担うことができ、自らコンテンツをつくってコミュニティーに参加して交流することもできます。NFTコレクションを買うというより、NFTコレクションの世界観へのアクセス権を所有することができると捉えているのです。その「世界観」は、今はアイコンであっても、将来はメタバースのキャラクターとなり、そのキャラクターを所有できるのです。

　例えるなら、**スター・ウォーズやマーベルやワンピースが生まれるのを特等席で見ながら、自分で公式グッズがつくれたり、限定コミュニティーに入れたり、先行で情報やアイテムを所有できたりする、**という感じです。少しは価値が感じられたでしょうか。

Web3による意味性の進化とは何か

　BAYCのような富裕層やカルチャーを中心としたモデルから、旧・山古志村のNFTのような地域への貢献意識を中心にしたモデルまでを見てきましたが、「より良い顧客体験をつくっていく」という観点から、このWeb3の潮流をどのように活用できるのか、改めて考えてみます。ここまで説明したことをUX観点でまとめると、次のようになります。

- コピーできない価値のデジタルアセット化によって特権を付与される。
- トークン発行の仕組みにより、これまでにないインセンティブがつくれる。
- 履歴の書き込みによってコンテクストを保存できる。
- 自己表現の新たな方法を持つことができる。

　まず、唯一無二で証明可能なデジタルアセットを持つことで、さまざまな活動に参加できたり、場合によっては自分だけのコンテンツをつくったりと、「自分が好きなコミュニティーのメンバーに自分も選ばれている」「周りにない特権を持つことができている」という体験が提供されています。自分がそのコミュニティーの活動に貢献すると、それがコミュニティーから評価されることもあれば、「Move to Earn」（動くことで暗号資産を稼ぐことができるタイプのサービス）のように換金可能なトークンとして返ってくることもあります。また、認知が上がって市場からの評価につながり、自分の持っている資産価値が上がっていくこともあります。コミュニティーの中で理解されるコンテクストによっては、ブロックチェーンとして履歴が書き込まれることで、「このコレクション、以前はあの有名な人が持っていたんだ」といった価値も生まれるかもしれません。

　これらは、Web3やNFTでないとできないかというと、そういうわけではありません。物理的な会員カードを使っても、IDとパスワードで会員サイトに入れるような仕組みを使っても、限定会員にアップグレードされることもあれば、会員しか参加できないイベントに入れることもあり、コミュニティーの活動を自らSNSでアピールすればコミュニティーの中で称賛されることもあるでしょう。無理にWeb3

やNFTを使わなければと思うよりも、むしろWeb3の潮流や起きていることをきっかけにして、所有する喜びや特別扱いされる喜び、そのグループの中に入れることの価値といった「意味性」にフォーカスが当たっており、その可能性やできることの広がりに目を向けるべきであろうと思います。

　一方で、やはりできることの幅は広がっているので、そこには着目すべきだと考えます。持っているコレクションに対する個人の愛着や貢献が、そのコレクションの価格などの資産価値としてフィードバックされることはあまりありませんでした。唯一無二なコレクションは、デジタルアセットだからこそメタバースに転用させることができ、履歴や内容や権利の所在を簡単に証明でき、改ざんもできなくなるので、嘘をつけなかったり、提供者側の論理で情報をねじ曲げられたりされることもありません。これらもWeb3の一つの良さでしょう。

　第1章のGojekの事例では、利用者だけでなく、ドライバーやマーチャントについても説明しました。同様にWeb3でも一般のユーザーではなく、クリエイターの方に視点を移すことも重要です。クリエイターからすると、まだどうなるか分からない構想段階から支えてくれた賛同者に恩を返すことが可能になるのです。

　鳩山玲人さんの言葉にもあった通り、ゲームや映画やメタバース空間をつくるという目的がある場合、先にその世界観を表したコレクションをつくり、今後の展開やストーリーを添えることで、先にお金を集めてからコンテンツづくりを開始することができますし、人気が出そうかどうかをテストマーケティング的に先に知ることもできます。これまでも、クラウドファンディングで先に投資を集めることはできま

したが、投資をする側が得られるベネフィットが曖昧であったり、即時的に使えるものは何もなかったり、という状況だったのに対して、少なくともコレクションをもらうことができ、価値変動する中でいつでも売買が可能になっているため、圧倒的に自由度はこちらのほうが高いでしょう。

また、初期に参加してくれたファーストペンギンの方々であればあるほど、価値が上がったときに得られる対価も大きいため、クリエイター側からしても初期に信じてくれた恩を明確なベネフィットで返すことが可能なのです。

意味の増幅がもたらす「自分らしさの実現」

『アフターデジタル』で提示した世の中の変化は、提供されるあらゆる商品やサービスが「点」から「線・ネットワーク」へ、「機能」から「体験」へと変わっていくことでした。利便性によって生活がより豊かにアップデートされていくだけでなく、そうした生活インフラの上で自分が没入できるコンテクストを持ったコミュニケーションが発生し、コミュニティーが多様に発生し、意味性を増幅するようになり、私たちの生活そのものも変えていきます。自分自身のアイデンティティーが証明され、分散した形で持てるようになっていくのです。

私たちは、働いたり生活したりする中で、現実のしがらみによって自分を制限している部分がたくさんあります。それが、インターネットやメタバースの中に独立したアイデンティティーを持ち、その中で機能性に貢献し、意味を拡張する存在としてコミュニティーと接するようになると、より「自分らしい自分」や、この場所において「表現したい自分」というものに向けて、どんどんと自分を拡張できるよう

になります。すると、物質的な自分とは異なる自分の個性を表現できるようになっていきます。

　ファッションブランド「BALENCIAGA（バレンシアガ）」は、オリジナルゲームをつくってその中でファッションショーを開催したり、人気ゲーム『フォートナイト』でアバターが着用するコスチュームをつくったりするなど、かなり進んだデジタルアセットの取り組みを行っています。ファッション業界自体がメタバースに強い興味を持っており、デジタルスニーカーを中心にさまざまなデジタルアセットをつくるスタジオ「RTFKT（アーティファクト）」は、購入したデジタルスニーカーをSnapchatなどの写真・動画投稿アプリに連携することで、自分の動画や写真の中でデジタルスニーカーが履けるようにするAR機能を提供したり、その服や靴をアバターに着せてメタバース上に登場させたり、といったこともすでに始めています。

　ファッションとNFTのコラボレーション熱が高まっているのは、「自己表現として物理や社会の目といった制限を超えられるから」という点が大きいでしょう。映画『レディ・プレイヤー1』で、自分が着ている服を好きな映画で使われたものにしておいて、相手に伝わるかどうかを試すシーンがあります。単に自分の感性を物理制約がない形で解放するというアーティスティックな側面だけではなく、好きなカルチャーのエッセンスを取り入れたり、好きな有名人とのコラボグッズや同じ服を着たりという形で、メタバースにおけるデジタルアセットは自由な自己表現の場となります。

　ここまでの話からも分かる通り、そのときに自分が身に着けるものが、唯一無二の特別なものであるほど、意味性に喜びを感じることが

でき、共有しているコンテクストを使って「あなたは分かっているな」と一緒に盛り上がることができるわけです。

　昨今のWeb3の潮流は、こうした考え方がテクノロジーによってアップデートされ、実際にお金が流れ始め、「夢想していた世界が現実になるのでは」という関心が爆発したものであり、まさに人々の「意味性」への渇望と、その実現を促すものであると思っています。

　本章の最後に、アバター向けのデジタルアセットをはじめ、アバタープラットフォームを制作しているGenies（ジーニーズ）社のCEO・アカッシュ・ニガム氏の言葉を引用します。これは、あるイベントに登壇いただいた際の彼のメッセージで、まさにここまで説明してきた世界の重要性を示していると思います。

　「インターネットはもともと、物理的な世界での制約や制限、いじめ、脅迫といったものをすべて取り除くことができる安全な場所としてつくられました。インターネットの世界に入れば、ありのままの自分でいられるのですが、ここ何年にもわたって、従来のSNSのプラットフォームは、そのようなことはなくなってきていると思います」

　「ですから、メタバースやデジタルエコシステム、アバターによって、私たちは振り子を戻そうとしています。仮名や完全匿名のIDを使って、現実世界から来るかもしれないプレッシャーに、再び立ち向かえるようになるのです。こうした潮流の根底には、メタバースに伴う自己本来性、さらには物質的な自分とは異なる自分の個性を表現できるというコンセプトがあるのだと考えています」

第4章

行動支援の時代：
行動実現してくれないものに、もはや価値はない

JOURNEY SHIFT
PREREQUISITES TO SURVIVING
IN THE DIGITAL SOCIETY

第3章までに示したことをまとめると、「新たな技術や事例を読み解くと、利便性と意味性の2つの方向でそれぞれ進化しており、それらをいかに分けて使えるかが重要である」となります。

　そして、利便性と意味性の2つのレイヤーに関わる潮流は、1つの大きな時代変化として合流します。まさにそれが本書のタイトル「ジャーニーシフト」を指しています。ジャーニーシフトが意味することは「顧客提供価値の変化」です。

　顧客提供価値が、「モノや情報の提供」「瞬間的な道具としての価値」から、ありたい成功状態を実現させ、行動を可能にさせる「行動支援」に変わっている。

　これまでの『アフターデジタル』シリーズでは、UX（顧客体験）や体験価値の重要性と、日本社会におけるUX観点の必要性を提案してきました。そこに昨今の世界の潮流を踏まえると、社会変化によってユーザーが価値を感じる対象が「行動支援」に変わったのではないか、と考えており、

「顧客提供価値 ＝ 行動支援 ＝ ジャーニーづくり」

という図式が成り立つ世の中になってきていると捉えています。本章では「顧客提供価値の変化」を語ります。まずは、アフターデジタル社会において「なぜUXが重要になっているのか」から始めます。

4-1
UXがビジネス原理を一新する
2つの理由

　オンラインとオフラインが融合するアフターデジタルの時代には、UXが圧倒的に重要になります。その理由は、「行動データによる顧客理解の解像度向上」と「一連の行動フローの支援」という2つの大きな環境変化が起こり、ビジネスのルールを書き換えてしまうからです（**図表4-1**）。

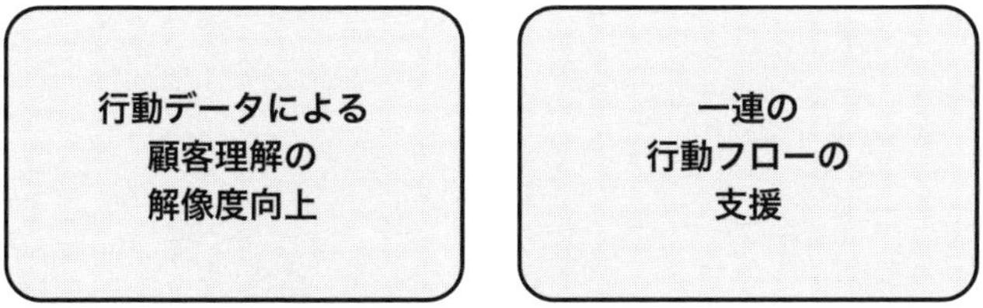

図表4-1　UXが重要になる2つの理由

　その結果、あらゆる業界でこれまでの勝ちパターンが通用しなくなり、新たなビジネスモデルを生み出す必要に迫られます。そしてこの変化をいち早く捉え、新たなルールに対応できた企業だけが先行者としてアドバンテージを得て生き残ることになるでしょう。この2つの大きな環境変化について、詳しく説明します。

行動データによりユーザー理解の解像度が高まる

　アフターデジタル時代における大きな環境変化の1つ目は、「行動データによる顧客理解の解像度向上」です。オンラインがオフラインの世界を包み込む時代になると、企業はサービス提供を通じて顧客の詳細

な行動データを取得できるようになります。これにより、従来とは比べものにならないほど高い解像度で顧客を理解することが可能になります。

これまで、企業は属性データを使って顧客を分類していました。例えば「30代前半で東京都渋谷区に住んでいる女性で、年収は500万円」といったデータです。こういった属性データを基に、企業は製品の市場規模を算出し、商品を企画し、マーケティング施策を考えていました。ビジネスの大部分をこの大まかな属性データに頼っていたのです。

しかしよく考えてみれば、一人の人間の消費行動はそんなに単純なものではありません。渋谷区に住む30代前半の女性だって、好みはさまざまでしょう。アウトドア派もインドア派もいます。ドライブが趣味の人もいれば、ゲームに熱中している人もいるはずです。

さらに言うと、一人の人間にもさまざまなモードがあります。仕事モード、家族モード、友人モード、趣味モードなど、皆さんも時と場合によってさまざまなモードを使い分けているはずですし、モードごとに物事の感じ方や求めるものは変わります。従来の属性データでは、このような人間の中にあるモードまで理解することはできませんでした。

ところが、スマホやIoT、ウエアラブルデバイスなどによって行動データを取得できるようになると、これが大きく変わってきます。「ランニングをしている」「友人と音楽を聴いている」「誰かとコミュニケーションしている」など、リアルタイムでユーザーの置かれた状況が分かるようになるわけです。これにより、例えばランニングが終わった

タイミングで「30分以内にこういう食事を取りましょう」とお勧めすることが可能になります。あるいは、一緒に音楽を聴いている人に「もうすぐ、このアーティストのライブがありますが、割引クーポンを使ってチケットの予約をしますか？」といった提案をすることもできるでしょう。

つまり、リアルにまでオンラインが浸透したアフターデジタル時代においては、これまでの属性的な粗い顧客理解から、時間単位、状況単位で顧客を理解することができるようになります。従来と比べ、顧客理解の解像度が圧倒的に高まっていくことで、最適なタイミングで最適なコンテンツやコミュニケーションを提供できるようになります（**図表4-2**）。

顧客×行動データの取得・活用によって、最適なターゲットだけでなく
最適なタイミング×コンテンツ×コミュニケーションの提供が可能になり、
企業競争の焦点が「**製品**」から「**体験**」へ

BEFORE	AFTER
製品単体で価値提供するしかない	**体験全体**での価値提供が可能に

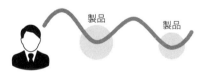

製品　　製品

デジタル接点

製品×デジタル　　デジタル接点

図表4-2　行動データの時代、顧客理解が時間・状況単位で可能に

このような時代には、顧客の行動データを持つ企業が圧倒的に顧客理解を深めることができ、結果として大きな価値を提供できるようになります。

一連の行動フローを支援する

　アフターデジタル時代にUXが重要となる2つ目の理由が、「一連の行動フローの支援」ができるようになることです。これもビフォアデジタルの時代と対比して見ていきましょう。

　従来、企業は人の行動シーンを単一の商品によって「点」で支えていました。例えば「旅行する」という行動を考えてみましょう。旅行の目的は人によって違いますが、ここでは仮に「友人との楽しい思い出づくり」を旅の目的に設定し、さらにこの旅行のステップをざっくり「計画立案」「旅行当日の移動」「余暇活動」「思い出化」と分けたとします（**図表4-3**）。ビフォアデジタルの時代、企業は「旅行」という一連の行動のうち、この一つひとつの小さなステップに対して、製品やサービスをあてがうように支援していました。例えば計画立案のステップは旅行雑誌、旅行当日の移動はレンタカー、余暇活動では思い出を撮影するためのカメラ、といった具合です。

デジタル社会が到来する以前は、
多くの企業は「単一の行動フロー」を支援する道具を提供していた

図表4-3　単一の行動フローを支援していたビフォアデジタル

各体験を提供する企業はそれぞれ異なりますし、特にデータで連携されているわけでもないため、ユーザーは自ら各社の製品やサービスを頑張ってつなぎ合わせて「友人との楽しい思い出づくり」という成功体験を実現する必要がありました。旅行雑誌を見て計画を立て、レンタカー会社に電話してクルマを予約し、思い出を残すためにカメラを選ぶなど、旅行の目的を達成できるかどうかはある意味、ユーザーの頑張りにかかっていた、ということになります。

ちょっと気を抜いてしまうと、「手配が遅れてレンタカーがもうなくなっていた」とか、「気付いたら誰も写真を撮っておらず思い出を残せなかった」といった失敗を招いてしまうので、ユーザーは目的を達成するために大きな努力が必要だったのです。

一方、アフターデジタルの時代になると、企業は先ほどのような旅行における「一連の行動」を横断的に一貫して支援できるようになります。商品以外にもウェブやアプリでサービスを提供してさまざまな顧客接点を持つようになりましたし、さらには前述のように行動データで「今どのフェーズにいるのか」も分かるようになります。その結果、単一企業、またはアライアンスを組んだ企業群などが連携し、さまざまな接点を通して最適なタイミングを捉え、**顧客の成功体験の実現を強力に支えられる**ようになります。

例えば「空港への到着に合わせてレンタカーを手配する」「観光地を出るときにレストランに予約時間を通知する」など、ユーザーの状況に合わせて関係する製品やサービスを最適化し、旅行という行動全体を成功に導くサポートができるのです。

実際に、ユーザーの行動を横断的に支援するような動きも増えてきています。例えばスバルは、オススメのドライブコースを紹介する「SUBAROAD」というアプリを提供しており、これはクルマという製品にとどまらず、計画立案のステップからの支援と捉えることも可能です。またホンダは、短いムービーをつないで思い出ムービーをつくれる「RoadMovies+」というアプリを提供しており、これも先ほどの図で言えば「思い出化」を支援するようなサービスです。

　他にも、もともとそういったスケジューラーや地図などが得意なGoogleが自動運転車の開発を進めていたり、ソニーがホンダと組んで自動車に進出したりしているのも、この文脈の中で捉えることができます。このように、さまざまな顧客接点と行動データを駆使することで、より広範囲にユーザーの行動を支援できるようになります。これはビフォアデジタル時代のようにユーザーが自分で頑張って商品やサービスをつなぎ合わせなくても、サービス提供者側がジャーニーとして支援してくれるため、そこまで頑張らずに目的達成ができるようになる、ということを示しています。

　もっと身近で分かりやすい例を示せば、三日坊主でダイエットをやめてしまうような人であっても、「一連の行動フローをジャーニーとして支援してもらえることでやめずに済む」といったケースが考えられます。アプリで簡単な診断をすると自分に合ったプランが立てられ、ジムに行くと話の合うパーソナルトレーナーが支えてくれて、終わったら次回の予約を決めてくれて、食事のサポートもあるので自分で料理を作る必要なく、翌朝起きたら「今日も頑張ろう」と励ましてくれる、そんなイメージです。こうした支援があれば、諦めずに自分の達成したかったゴールが無理なく達成できるようになるでしょう。

単一の製品でユーザーの瞬間的な「行動の一部」を支援するモデルから、ユーザーの「一連の行動フロー」を支援するモデルへ。この流れはあらゆる業界にすでに訪れており、ビジネスのルールを根底から変えていると言えます（**図表4-4**）。

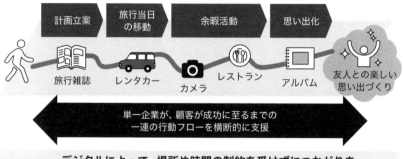

デジタル社会が到来したことで、単一企業が「人間が成功を目指すために必要な一連の行動フロー」を横断的に支援できるようになっている

計画立案　旅行当日の移動　余暇活動　思い出化

旅行雑誌　レンタカー　カメラ　レストラン　アルバム　友人との楽しい思い出づくり

単一企業が、顧客が成功に至るまでの一連の行動フローを横断的に支援

デジタルによって、場所や時間の制約を受けずにつながりを持てるようになったため、一連の行動フロー全体に対して価値を提供し、目指す成功そのものを強力に支援可能に

図表4-4　一連の行動フローで顧客を支援するアフターデジタル

バリューチェーンからバリュージャーニーへ

「行動データによる顧客理解の解像度向上」と「一連の行動フローの支援」という2つの変化はセットで考える必要があり、どちらが欠けても、顧客に最適な体験を提供することはできません。

もし行動データが不足していると、最適なタイミングで行動支援ができません。もしランニングの準備運動中に「お疲れさまでした！」というメッセージが出たら、体験が台無しですよね。反対に、一連の行動のうち一部にしか顧客接点がないと、行動データが歯抜けになっ

てしまい、十分な顧客理解ができなくなります。単一の企業が一連の行動のすべてをカバーするのは難しいケースもあるので、自社が提供可能なジャーニーに絞り込んだり、他社との連携を深めたりすることも必要となります。

行動データが不足すれば支援が不十分になりますが、一連の行動フローで接点を持って支援できているからこそ行動データが得られるという関係なのです。行動データと支援はどちらが欠けても成り立たないものだと考えていただいてよいでしょう。

このような「行動支援の時代」において、あらゆる企業は製品販売型の「バリューチェーン」から体験提供型の「バリュージャーニー」へとシフトしていく必要があります（**図表4-5**）。

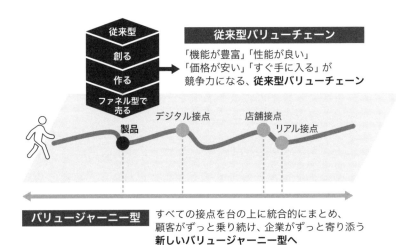

図表4-5　製品販売型のバリューチェーンから体験提供型のバリュージャーニーへ

　「製品の調達や製造から、それが流通されて顧客に届くまで」を意味するサプライチェーンにおいて、どこに戦略的な強みや独自性を置くかが従来型のバリューチェーンでした。製品を製造して販売することは今後も引き続きビジネスの重要な要素であるため、バリューチェーンの考え方は依然として必要になります。

　しかし、バリューチェーンを顧客体験視点で見ると、「製品が顧客に届く」という一瞬しか顧客接点がありません。届いた後のことは関知していません。これまで話してきたのは、さまざまな顧客接点を通して行動データと一連の行動フロー支援によって、その人の成功体験を支えることでしたので、バリューチェーンだけでは不十分であることが分かります。

　一方のバリュージャーニーでは、製品はあくまで顧客接点の一つであり、このジャーニーの上に乗り続けてもらい、結果として顧客が成功を収めることがゴールになります。このため、顧客接点を通して顧客とどのような関係性を築いていけるかが焦点となります。

　アフターデジタル時代には、従来型のバリューチェーンに加えて、あらゆる接点を統合し、顧客の行動に企業が寄り添い続け、顧客の成功を実現するためのバリュージャーニーという機能を持つ必要が生まれており、なかなかこの対応が十分にできていないことがDXの課題になっています。

4-2
「行動の実現」でしか、
ユーザーは価値を感じなくなる

萌えから推しへの変化

さて、一見関係のなさそうな話を挟んでみましょう。

『推しエコノミー「仮想一等地」が変えるエンタメの未来』（中山淳雄、日経BP）という本の中に「『萌え』から『推し』へ」という言葉が出てきます。アイドル、アニメ、ゲームといったコンテンツにおいて「萌え」という言葉が使われなくなり、代わりに「推し」が使われるようになっている、という話です。

この5年間でそれぞれの言葉が検索された回数を調べてみると、「萌え」の検索数は一貫して低下しており、代わって「推し」が急速に増えているのが分かります（**図表4-6**）。2020年には宇佐見りんの小説『推し、燃ゆ』（河出書房新社）が芥川賞を受賞し、「推し」という言葉が一般にも広く知られるようになりました。

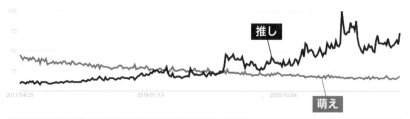

**Google Trends を使用し、過去5年間の「推し」と「萌え」の検索ワード数
推移を調べた。グレーが「萌え」、黒が「推し」の検索ワード数**

図表4-6　「萌え」と「推し」のグーグル検索回数

　「萌え」と「推し」はどちらも対象への愛着を表現する言葉ですが、そのニュアンスは異なります。「萌え」は、例えば好きなアイドルやキャラクターに対して「好きだな」「かわいいな」と受動的に萌えているという、内的な感情を意味する言葉です。同じように萌えられる人たちが価値観を共有し、共感できる人たちが集まってコミュニティーが生まれることもありますが、あくまで萌えているという現象は内的な感情です。

　対して「推し」は、単に自分が萌えるという受動では終わらず、その言葉の意味からも「誰かにお勧めできる」ということが前提になっていますし、「推し活」という言葉があるように「能動的に対象を応援して押し上げたり、何かしらの行動を伴って初めて充足したりする」ニュアンスを含んでいます。

　そしてこの「萌え」から「推し」への変化は、単体で分析すればまたいろいろな解釈ができると思いますが、今回は「単一の製品による支援」から「一連の行動の支援へ」という変化を示す代表的な例として挙げています。コンテンツを受け取ることが価値だった時代から、実際に自分がアクションできることが価値となっていることを示す、一つの現象であると考えています。行動支援が当たり前になったことで、**顧客提供価値がこれまでとは異なるものを指すようになっており、「自分に何をさせてくれるのか」「どのような成功を実現させてくれるのか」「どのようなアクションを自分に取らせてくれるのか」といった行動を伴ったものに変質している**と捉えるべきでしょう。

　自分に今までできなかったことを可能にしてくれるのであれば、その信頼の下でなら自らのデータ共有もいとわない、という状態にある

と言えます。

　言い換えると、企業は単に製品を提供するだけでは不十分で、「自分の行動を支援してくれる」「自分がやりたいことを実現できる」とユーザーが感じてくれる段階まで到達できないと、もはやユーザーに「価値提供している」と見てもらえなくなってきているのです。

利便性における「行動支援」

　アフターデジタル社会における提供価値は、「行動支援」を指しています。このことを、例も踏まえて少し掘り下げたいと思います。

　第1章で見たGojekの話を振り返ってみましょう。Gojekは優秀なドライバー集団により、目的地まで運んでくれたり、自分の代わりに買い物をしてくれたりと、「日常に発生するあらゆる距離をゼロにしてくれる」ことで、一般ユーザーにとって今まで面倒で諦めていた買い物や食事や移動を日常にもたらしてくれるサービスといえます。ドライバーやマーチャントに対しても、行動データをベースにした仕事の実績から生活設計をサポートしたり、業績に応じてローンを組めるようにしたりと、これまで不可能だった「安定した生活」をもたらしてくれるという行動実現を支援しています。まさに、**これまでできなかった成功を、行動支援を通じて実現してくれているサービス**ということができます。

　あえて、少し立ち止まって考えてみましょう。そもそも、バイクがあれば速く移動できるので、一連の行動フローを支援するジャーニーはなくても、今までできなかったことができるという見方があると思います。例えば、テントがあれば雨が降ってもキャンプができて虫を

気にする必要もありませんし、冷蔵庫があれば食料を保存でき、これまで以上に効率の良い食生活が送れる、という見方も同じです。

　ですが、こうした見方はやはり製品起点だと言わざるを得ません。先ほどの「一連の行動フローの支援」にもあったように、もちろん製品によって単一の行動は支援されていて、予約ができるようになったり、移動ができるようになったりしています。しかし、ユーザー側が本当にしたいことは「予約」や「移動」なのでしょうか。Gojekのドライバーで言えば、「自分の家族を安定して養って、子どもを大学に通わせたい」というのが達成したいことであり、そのために必要なのは「バイク」ではなく、お金を稼ぐ機能や銀行機能であり、銀行機能を使えるようにするための信用情報です。確かにバイクは「クルマの間をすり抜けて速く移動すること」を可能にしていますが、ユーザーが求めている「成功」とは速く移動することではないでしょう。

　では、「風を感じながら圧倒的に速く移動したい」という成功を求めていればバイクで十分なのでしょうか。純然たるスピード狂のような人であればバイクという商品が合致するかもしれませんが、「速く移動したい」という人も実際は「バイクライフ」のようなものを求めており、バイクという商品だけではないことがほとんどだと思います。景色が良くてすいていて安全な走行ルートを知ることや、スタイルに合わせた服装なども、恐らく成功体験の実現に必要になってくるはずです（余談ですが、風を感じながら圧倒的に速く移動するなら、恐らくスカイダイビングが一番ではないでしょうか。最高時速200〜300kmほど出るそうです）。

意味性における「行動支援」

　Gojekの例は、利便性レイヤーでの行動支援の話でしたが、もちろん同様に、意味性のレイヤーでも行動支援が可能になっています。

　エンターテインメント分野の事例を見ていきましょう。従来の「萌え」の時代は、ファンの間で自慢になるのは「私は昔から応援していて、あの伝説の引退ライブを最前列で見た」といったことでした。漫画なら「初期から目を付けていたので初版本を持っている」などになるでしょう。しかしこうした価値はもはやあまり自慢の種にはなりません。伝説のライブはYouTubeで誰もが見ることができ、初版本をアマゾンやメルカリで手に入れることも可能でしょう。もはや、単なる「見た」「持っている」はあまり価値にならなくなっています。

　そうなると、今度はアイドルへの自分の思いを表現するために「CDを何枚買ったか」「ライブに何回行ったか」など「私はこんなにつぎ込んだ」という金銭的支援が主な応援手段になり、企業側は握手券などでもうけようとしますが、これは金銭という単一方向でファンを競わせる形になっていて、ファン集団やコミュニティーを形成する形ではないでしょう。

　BTSに代表される現在のK-POPのコミュニティーでは、金銭だけでなく、自分の時間を費やすことや、自分の得意分野や専門性を生かすことで貢献できるようになっています。

　例えば、K-POPアイドルの動画サービスV LIVE*にある『V Fansubs』は、視聴者が字幕を付けられる「ファンサブ（非公式字幕）」

で、世界に散らばる語学が得意なファンが、自分の推しグループのために
ためにボランティアで各国語の字幕を付けられるサービスです。これに
よって、例えば韓国語を勉強してマスターした日本人が、自分のスキ
ルを生かして推しグループの魅力を日本に広めるといった、ユニーク
な「推し活」が可能になるわけです。

＊2022年12月31日にサービス終了すると発表されたが、ここで説明することは重要なので取り上げる。

　同様に、メンバーの誕生日が近づくとマーケティングが得意なファ
ンがメンバーの誕生日にお祝いの広告を制作し、動画編集が得意な人
がメッセージビデオをつくり、プロジェクトマネジメントが得意なファ
ンが全体を統括する、といったこともあります。誕生日当日には、世
界中にある大きなサイネージや交通広告を使って盛大にお祝いし、そ
れによって「自分の推しアイドルはこんなにファンに愛されている」
ということを表現します。このように、ファンが各自の特技を持ち寄っ
てコミュニティーに貢献することで、「推す」ことを可能にしている
のです。

　従来の枠組みであれば、ファンがアーティストの広告を勝手に出し
たら権利侵害で訴えられていたでしょうし、公式動画に勝手に字幕を
付けたら公式に消されていたでしょう。ところがK-POPの業界では、
これらの行為があえて容認されています。今まではお金をつぎ込むこ
とでしか支援できず、そうなるとファン同士も「ファン度合いを競い
合う相手」という関係性になっていたわけですが、これはお金もうけ
をしたい企業のエゴによって、ファン同士がギスギスしながら搾取さ
れるという、あまり幸せな構造ではありませんでした。

　K-POPに見られる現象は、サービスを提供する側が**行動を起こす**

ことを許容したり、熱量を発散・表現できる「場」を用意したりすることで、ファン同士が協力して自分の推しを成功させようとすることが可能になっています。好きなアイドルを自分なりのやり方で推し、そうした貢献が集まることでファン同士が最大限力を発揮し、アイドルからも感謝されるという形で、ジャーニー的な成功体験の支援ができている良い事例といえるでしょう。

　利便性のレイヤーと意味性のレイヤーは支援の方向性が違うのですが、「ユーザーが今までできなかったけど、できたらうれしいと感じるような成功体験の実現を可能にしている」という点では共通しているわけです。

4-3
ジャーニーシフトと
提供価値のDX

ジャーニーシフトという言葉の意味

　改めて、本章の冒頭に示した言葉を記したいと思います。

　顧客提供価値が、「モノや情報の提供」「瞬間的な道具としての価値」から、ありたい成功状態を実現させ、行動を可能にさせる「行動支援」に変わっている。

　もう少し言葉を足すと、企業や行政、個人事業主などによって提供されるサービスや商品を通して顧客が価値を感じるものは、顧客の成功を実現するための行動支援ジャーニーのことを指す時代になっており、日本が立ち遅れているのは、このデジタル融合時代に、自らを「行動支援ジャーニーという価値体系にシフトできていない」ことに原因があるのではないか、ということです。

　行動支援ができてこそジャーニーであり、OMOもWeb3も、新たなデジタルテクノロジーはそのために使われる道具である、ということになります。今回提示している利便性と意味性というのは、このジャーニーづくりをするための道具を大きく2種類に分け、使いやすくしたものです。

　ジャーニーシフトしようとしたときに最も起こりがちなホラースト

リーは、「社会やユーザーのペインポイントを発掘しないで、とりあえず体験らしいジャーニーをつくろうとする」ことでしょう。「体験というのはイノベーションであり、自由で柔軟な発想からつくられる」と思われているケースがあるのですが、実際には深い社会洞察によって社会に潜むペインポイントの発掘が前提になることが多いはずです。しかもこの変化の速い世の中ですから、ユーザー理解や市場のペイン把握は定常的に行うべき活動といえますし、その社会ペインの特定と一緒に、ジョイントビジョンやコミュニティーに深く共感されるような思いを持ち合わせて初めてジャーニーシフトがなし得ると考えています。

日本に抜けがちな「提供価値のDX」

日本がデジタル後進国といわれるのは、主にDXの立ち遅れからですが、この文脈で考えたとき、2つのDXに分けて考えるべきではないかと思います。一つは「業務のDX」、もう一つが「提供価値のDX」です。

「業務のDX」は、現在のビジネスプロセスをベースにして、テクノロジーによって効率化・簡略化できることがないかを考えるものです。ペーパーレス化したり、コミュニケーションツールとしてSlackなどを入れたり、営業管理のSaaSを入れたりといったものがこれにあたります。これについてはかなり多くの企業がすでに取り組み、一定の成果を出し始めているのではないでしょうか。

一方、「提供価値のDX」とは、改めて今の時代に対応した顧客提供価値を見定め、対応していく活動で、場合によっては現在の業界・業態にとどまらず、新たな領域に出ていく必要があります。例えば大

企業において、成功を収めた時代からすでにかなりの時間がたっているにもかかわらず、業務プロセスの改善しかできていなかったり、サービスや商品の最適化や磨き込みしかできていなかったりすると、時がたって環境が大きく変わっていることに気付かずに手遅れになってしまっている、といったケースもよく見られます。

しかし、「提供価値をデジタルでトランスフォームする」といっても、既存のビジネスで売り上げがつくられているのですから、簡単には動きません。提供価値のDXを進めるには、2つの大きな壁があります。それは、「説得の壁」と「事業づくりの壁」です。

「説得の壁」とは、周囲のメンバーが提供価値のDXの必要性を感じていなかったり、自分がやったことがないことに業務がシフトすると自分の居場所が危うくなると考えたりした結果に起こる、「提供価値を変える必要はない」「一度議論して答えは出ているはず」といった意見に代表されるような抵抗勢力を指しています。

経験上、こうしたシーンで一番効果的なのが「迫りくる異業種からの殴り込み」という危機の話をすることです。実際これこそが提供価値のDXを必要としている理由であるとも言えます。

例えば銀行からすると、まさかPayPayやLINE Payのようなプレーヤーが出てくるとは思わなかったでしょう。また、音楽をかけたりIoT機器を制御したりできるAIスピーカーにセキュリティー機能が搭載されてきたことで、ホームセキュリティー分野に侵食しています。自動車業界はカーシェアリングなど異業種からの危機にさらされていますが、それに加えてZ世代は「クルマを持つこと自体かっこ悪い」

と思うようになるなど、新しい変化もどんどん起きています。同業者だけを見る業界縦割りの視点ではもう立ち行かないということを伝えるためにも、異業種からの殴り込みの話は効果的です。

「説得の壁」をクリアでき「時代に対応した価値づくりをしよう」となったとしても、次は「事業づくりの壁」が立ちはだかります。大企業の場合、ほとんどが何かしらビジネスプロセスの中で特定の役割を持ち、その効率化を磨き込んできました。既存の枠組みを取っ払って、急に「新しい事業を考えろ」と言われても、全く思いつかず、結果かなり見当違いのモノを出してしまうケースもあります。

「体験のシステム」から先に構築する

この「見当違い」が生まれやすい一番の原因は、業務のDXから思考してしまうことや、UXについて検討するタイミングが遅過ぎることにあります。提供価値のトランスフォームなので、「どのような価値を提供すべきか」「その結果どのような体験によって競争力が生み出されるのか」がまず考えられるべきです。当然、現在の自社の強みからあまりにも逸脱したものを提供しては競争力にすらならないのですが、だからといって自分たちが今行っている業務に軸足を置いて少し広げた程度ではトランスフォームになっていません。

例えば世界でも有名なコンセプトデザイナーであり、イノベーションデザイナーとも呼ばれる濱口秀司さんは、とあるインタビューで以下のようなことをおっしゃっています。

「イノベーションはビジネス、エクスペリエンス、テクノロジーの３領域で考えないと起こせない時代。これをつくる際、事業プロセス

というのは大きく言うと、「①コンセプト設計」→「②戦略策定」→「③（戦略の）意思決定」→「④実行」といった具合に、4つのフェーズに分解できます。このとき、上流から下流へ向かうにつれ、できることの"自由度"はどんどん下がっていくんですよね。日本のリソース配分は多くの場合逆になってしまっている。ここを変えるべきです」

エクスペリエンスを踏まえないコンセプト設計が横行したり、戦略の前にそれが描かれないことが多く発生したりしていることが示されています。実際、中期経営計画など多くの戦略が「ビジネス」と「テクノロジー」のみの視点で描かれ、提供価値の上で最も重要な「エクスペリエンス」の観点が抜け落ちていることがほとんどです。「一人ひとりに合わせたより良い顧客体験」といったことが書かれていても、これではコンセプトになっておらず、ほぼ何も言っていない御用聞きスタイルになっています。戦略段階からUXや体験としてどうあるべきなのかを考える必要があります。

加えて、多くの企業から、「ITシステムを構築してくれる企業がUXづくりもできるというのでお願いしていたが、しばらくたって、なんだか違う気がしてきている」「なかなかUXの取り組み成果が出てこないので、少し診断してみてほしい」といったご相談を受けることがあります。往々にして、業務DXから要件が落とされ、「実現すべき顧客の成功」も「押さえるべき行動フロー」も考えられていないため、提供価値はまるで進化していないケースに陥ります。時には、UXの扱いがITシステム構築の下流と見なされ、専門性があまり高くなかったり、プロの観点から見たときに「顧客の意見を聞き、真正面から受け止める」のような「やってはいけないUXあるある」を連発していたりします。これでは提供価値のDXはおろか、直近のビジネ

ス成果を高めるためのUX改善すら十分にできません（こういうことが多過ぎて、私の所属するビービットでは正しいUX活動ができているかを広く診断し育成するお手伝いも増えています）。

ITシステムへの投資は重要なのですが、ジャーニーシフトした世界においては、「体験自体がどのように動き、連鎖していくのか」という体験の仕組みと連動するITシステムでないと正しく機能せず、提供価値をトランスフォームさせたり、顧客の成功を行動支援によって実現させたりすることはできません。

提供価値の変化は選択肢の変化

なぜ「提供価値のDX」や「ジャーニー型へのシフト」を考えなければならなくなったのでしょうか。一言で表現すれば「選択肢が増えたから」だと思います。「当たり前じゃないか」と思われるかもしれませんが、ではその選択肢がどのように増えて、それが自社にどう影響しているのか、しっかり世の中の変化が見えているかというと、十分な解釈ができていないことがよくあります。

2022年の4月に稲田豊史さんの『映画を早送りで観る人たち』（光文社）という新書が出版され、話題になりました。今の若者は、映画もネタバレを見て結末を知ってから見に行くかどうかを決めたり、早送りや2倍速で映画を見たりする、さらには音楽も2倍速で聴く、といったコンテンツ消費行動が増えており、それらを理解できない昭和生まれの人々から批判が飛んでいました。多くは「それは作品を見たことにはならない」「クリエイターに失礼である」といった意見です。

事実として受け入れがたいと思われるかもしれませんが、この新書

には「なぜ若い世代がそのような行動を取るのか」がしっかり書いてあり、それを読むと、「なるほど、自分もこの世代に生まれたらそうしているのかもしれない」と思わされます。

　例えば35歳以上の人であれば、恐らく映画も音楽も基本は「買う」か「レンタル」するものであった時代を過ごしていると思います。TSUTAYAに行って映画とCDを借りるのが日常でした。これは「作品ごとに課金をしている」という状況です。たまにハズレを引いたとしても、それも「この映画はつまらなかった」という経験として納得していました。

　やがて、YouTubeが出てきて、Spotifyが出てきて、Netflixが出てきて、だんだんと「コンテンツは無料または定額で楽しめるもので、課金はサービスへ」になってきています。コストパフォーマンスという意味では、せっかく有料のサブスクリプションに入ったのであれば、なるべくたくさん見たり聴いたりしたほうが得ですし、それ以上に、周りの話題についていくことにも一苦労です。友人が「これ見た？良かったよ」と言ってきたとき、見ていないと話についていけず、相手に「推し」を軽んじたと思われて相手との関係性に影響が出るかもしれません。

　「コンテンツが無限に近く見られる」という状況に置かれると、コンテンツの料金はあってないようなものなので、早送りで見てキャッチアップしたり、つまらない作品に時間をかける余裕はないので先にネタバレで結末と評価を見てから、間違いがないことを確認してから観賞したりするようになるのです。そもそも作品にお金を払っていない文化で育っているので、「作品の冒瀆だ」「もっと大事にしろ」と言

われてもピンとこない、あくまで無制限で見られるコンテンツの一つでしかないのです。

　自動車に所有、シェア、リースなどの選択肢がある中、そもそも自動車は不要でMaaSがあればよいとか、周りはSDGsに関心が高い子ばかりで自分がガソリン車に乗っていたなんてことがバレたら軽蔑されてしまう、などと考えているのです。昔なら「自動車免許証がないと何かと不便だし、クルマの運転はできて当たり前だから、とりあえず免許を取っておく」みたいな考え方で選択肢がほぼなかったわけですが、今のように、クルマに乗らなくても十分生きていける選択肢があるなら、私も免許すら取らなかったかもしれません。

　選択肢が異なるだけでここまで価値観が変わるものかと驚くと同時に、その置かれた状況に目を向けて「自分なら」と想像してみると、なるほど確かに自分もこの世代で生まれていたら同じ行動を取っているかもしれない、と思えるものが多くあります。ユーザー視点で「どの選択肢と比べられているのか」を理解することは重要ですし、その中で「自分に成功体験をもたらしてくれる行動支援サービス」の価値は、当たり前のように高く感じられるのではないでしょうか。

　現在は、ここで示したような時代変化の真っただ中にいるのです。相手の置かれた状況をしっかり想像し、なるべく近づく努力をすれば、その理由や背景を理解することはできると思います。ジャーニーシフトの時代は、顧客の置かれた状況理解が何より重要です。この点について、次章で詳しく説明します。

第5章

ジャーニーシフトに
必要な視点と思考法

JOURNEY SHIFT
PREREQUISITES TO SURVIVING
IN THE DIGITAL SOCIETY

顧客にとって
「サービスとつながる理由」とは何か

ジャーニーシフトに必要な考え方や視点

　最後の第5章では、行動支援の時代を生き抜くには、どのような視点を持つべきなのかをまとめます。

　これまでご説明してきた内容をまとめると、**図表5-1**のようになります。

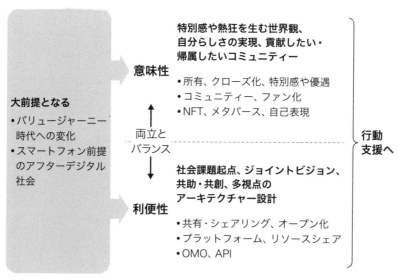

図表5-1　本書の内容
出所：筆者

　ざっとおさらいしたいと思います。まず何より重要なのは「提供価値が、モノや情報の提供から、成功体験の行動支援に変質している」というジャーニーシフトそのものです。行動支援をするには支援する「一連の行動フロー」を決める必要がありますが、そのためにはペインポイントの十分な理解が必要です。ペインポイントを解消し、より良い体験を届けるにあたって、ようやくテクノロジーや体験づくりの技が登場するわけですが、これに際して意味性と利便性、双方の価値を強められる技術や知見がどんどん生まれて進化しており、この２つを分けて扱う必要があります。

　利便性は、社会ペインの発見やジョイントビジョンの定義により、なるべくオープンに価値提供していく必要があります。一方の意味性は、人々が熱狂し、貢献したいと思えるような価値観を持って、より自分らしさや特別さが際立つ体験づくりが必要になります。利便性と意味性はバランスが重要で、この２つの道具を両手に携えながらジャーニーをつくっていくべきではないか、というのが本書の主張です。

　これを念頭に置きながら、私たちが提供価値のDX支援や、さまざまなUXづくり（新たなサービス設計やユーザーリサーチ・市場リサーチなど）をする中で、**「視点の有無」で成功と失敗が大きく分岐しているように感じています**。誰しもが、今まで挑戦したことのないことに挑戦したり、新たな市場変化や潮流を捉えようとしたりする中で、「これまでの成功体験」に引っ張られ、初めから持っておくべき視点が抜け落ちてしまうのではないでしょうか。

　本章は新たな視点や考え方、ティップスの提供に主眼を置いているため、詳細の方法論やプロセスまでは立ち入りませんが、次に示す内

容を中心に、視点転換や視点を増やすためのポイントを提示できれば
と思います。

- 行動支援の時代は、顧客にとっての「あなたの会社やサービスとつ
  ながり続ける理由」を問い直す必要がある。
- 顧客にとっての「つながり続ける理由」とは、「どのような行動フロー
  を押さえ、どのような顧客の成功を実現しているか」を指しており、
  提供価値の再定義が必要になるケースが多い。
- 提供価値を再定義するには、社会に存在する「ペイン」を、自社の
  価値提供が可能な範囲で、幅と深さの観点を持って探す必要がある。
- ペインのある状況やドメインがある程度見えたら、「ペインが発生
  している状況とその構造」をより詳細に理解する。

顧客にとっての「つながり続ける理由」を問う

　もし「提供価値のDXやジャーニーづくりはすでに十分考えてきた」
と思う方がいらっしゃるなら、一つ質問をさせてください。

　「顧客が、あなたの会社やサービスとつながり続けたいと思う理由
は何でしょうか？」

　国や行政、地方自治体であれば、「なぜこの国、この街に居続けた
いと思うのか」と言い換えてもらっても構いません。実際、このよう
に質問すると、「それはいろいろありますよ」と言いつつも、明確な
答えが返ってくることはあまりありません。

　ビジネスパーソンに先の質問をすると「品質、安全性、親しみやす
さ」みたいな回答になることが多いです。それは「同業他社と比べて

自社が強いパラメーター」のことを指していると思いますが、本当にそれが理由で、顧客はあなたの会社やサービスとつながり続けたいのでしょうか。だとしたら、とにかくその指標を同業他社に負けないように磨き込み続ける必要がありますが、例えば品質も安全性も、世の中の平均値が高くなればなるほど一般の人からして違いは感じられにくくなります。果たして、その理由だけで「顧客はつながり続けたい」と思ってくれるのでしょうか。

　多くの企業の中期経営計画などには、この「顧客から見た、つながり続けたい理由」＊ が書かれていることがあまりありません。戦略上、書かないようにしているだけならよいのですが、多くの場合、テクノロジーとビジネスの観点はあるのに、ユーザーやエクスペリエンスの観点がないのです。なぜなら、これまでの成功体験が「使われて当たり前」であったため、つながってくれる理由や使われる理由をわざわざ問い直す必要がなかったのです。しかし選択肢が増えた現在、提供価値のDXを遂行するには、「つながり続けたい理由」の言語化から行う必要があります。

＊この「つながる理由」については、奥谷孝司さんと岩井琢磨さんの書籍『マーケティングの新しい基本 顧客とつながる時代の4P×エンゲージメント』（2022年、日経BP）でカスタマーバリューピラミッドの最上位とされています。顧客の日常の中に存在するには、単なる機能的な価値や体験価値だけでは一次的な関係に終わってしまいますが、さらに上の「つながっている価値」に到達すると、顧客とのつながりが強くなり、リテンションが高確率で引き起こされるようになる、としています。

　「つながり続けたい理由」をもっと顧客視点の言葉にすると、「自分が求める成功に対して、どのようなアクションを可能にしてくれているか」となります。逆に言えば、成功のためのアクションの実現を支援してくれない（または支援が完了した）場合は、顧客から見てつながり続ける理由がなくなることを意味します。アクションの実現を支援してくれているからこそ、自分の理想的な状態や、すでに当たり前

と考えている状態を維持できるわけです。

　一方、顧客視点の「自分が求める成功に対して、どのようなアクションを可能にしてくれているか」を企業視点にすると、オンラインとオフラインが融合したアフターデジタル時代においては「どのような顧客の成功を実現するために、どのような行動フローを押さえているか」になるでしょう。

　「顧客にとってのつながり続ける理由」を考えることが有意義なのは、自社の視点から顧客の視点に移しながら、時間軸を長くし、業界の枠を取り払えるからです。顧客からするとさまざまな選択肢があり、企業からすると同業他社だけが競合ではありません。生活の中で一瞬現れるが、その後は二度と現れないとなると関係構築になっていないですし、行動支援のジャーニーにもなっていません。

　提供価値の再定義や実際の事業づくりが進む中で、この問い（「顧客がつながり続けたい理由は何か？」）に立ち返ってチームで考えるだけで、視点が顧客側にシフトしていくと思います。

いま手塚治虫が生きていたら漫画を選ぶか

　企業やサービスの単位で「顧客にとってのつながる理由」を考えるというのは、提供価値の再定義に他なりません。トヨタ自動車の豊田章男社長が2018年1月のCES（コンシューマー・エレクトロニクス・ショー）で「自動車メーカーからモビリティーサービスの会社になる」と発言されました。この発言を私なりに解釈すると、「これまで通り自動車を造って売っていても今後同じような市場が見込めない状況で、時代に対応して新たな社会的役割を担うために視点を変えて自社のや

ることを再定義した」となります。本書の主張に合わせると、「モビリティーサービスの会社」は企業が提供する事業を指す言葉なので、「顧客にとってのつながる理由」にするには、顧客にとっての価値が体現された言葉にしていく必要があると思います。

先日「UXインテリジェンス協会」の事例研究会で、講談社の鈴木綾一さんが「クリエイターズラボ」という事業の話をしてくださいました。その話は、ここで説明している「提供価値の再定義と事業をつなげる話」にふさわしいので紹介したいと思います。

クリエイターズラボは新規事業部的に立ち上げられた新しい部署で、すでに複数のサービスや企画を展開しています。代表例が漫画家と編集者をマッチングする漫画投稿サイト「DAYS NEO」（デイズネオ）です。

漫画家志望の人が自分の作品をDAYS NEOに投稿すると、編集者が読んでコメントを付けたり、編集担当になりたい作品に出合ったら「編集希望」を出したりすることができます。参加している編集者は31誌350人（2022年10月現在）いて、有望と思われる漫画には「編集希望」が10件近く付くこともあります。一般のユーザーも投稿された漫画を読むことはできますが、コメントを付けることはできません。鈴木さんは「漫画家志望の人と編集者の真剣なやりとりを見られるプロレスのような場だと思ってもらいたい」と話していました。

このサービスは、出版業界のペインポイントを突いています。従来、漫画家志望の人は、まずどこかの出版社にアクセスし、自分の作品（持ち込み原稿）を見てもらいます。その際、最初に対応した編集者が担

当候補となるケースが多いようです。講談社なら講談社、集英社なら集英社という閉じた企業の中で、さらに担当となった編集者以外が漫画家志望の人の作品を見ることはあまりなく、最初の出会いでほぼすべてが決まってしまうとも言えます。たまたま自分の描く漫画のテイストが担当者の好みではなかった場合、高い評価はされないでしょう。

　鈴木さんはSNSなどを使って漫画家志望の人の話を聞くと、「ネームを読んだら連絡をくれると言われたが、まだ何も連絡がなくて、こちらから連絡していいものか」という相談が非常に多かったそうです。「大事にすべきクリエイター（漫画家志望の人）と編集者の間に、強い上下関係がつくられてしまっている」と気付き、そうした状況を改善したいと考えていたそうです。

　こうした状況は、出版社側から見てもペインポイントがあります。それは、担当した編集者の意見が出版社を代表する意見になってしまう点です。漫画家志望の人が「あの出版社でこんなことを言われた」とSNSや取材や各種コミュニティーで話すこともありますが、それはあくまで編集者個人の意見なのに、主語が出版社に置き換わって拡散されてしまうのです。

　そうした背景があって生まれたのがDAYS NEOです。漫画家志望の人は1社（出版社）に1人の編集者ではなく、さまざまな編集者にフラットに見てもらえるようになりました。編集者も個人ページをつくって名前や好み、経歴などを明かしながら、個人として漫画家志望の人に向き合う形になります。編集者にとっても、他の編集者の目の付けどころをコメントから学ぶことができます。

このサービスがすごいのは、参加している出版社が31社あることです。つまり、鈴木さんが所属する講談社だけでなく、**多くの出版社が相乗りする形になっている**のです。「各社が個別に同じようなサービスをつくっても、もうかるのはサイト制作会社だけなので、それだったらここに相乗りしませんか」と他の出版社にも声をかけていったそうです。これはまさに、第2章で説明した「社会ペインを基にした協調領域」の例と言えるでしょう。なお、従来通りの方法ももちろん受け付けていて、「直接渡してコミュニケーションしたい、そちらのほうが得意だ」という方はそちらも利用できるようになっています。

DAYS NEOは漫画を対象にしていますが、同様にイラストを対象にした「ILLUST DAYS」（イラストデイズ）や、小説を対象にした「NOVEL DAYS」（ノベルデイズ）があります。その他、「ゲームクリエイターズラボ」「シネマクリエイターズラボ」など、最近はVRやメタバースといった、いわゆる出版業とは離れた分野にも領域を展開しています。

前置きが少し長くなりましたが、まさにこれが「提供価値の再定義」につながっていきます。鈴木さんに、「なぜこんなに領域を広げようとしているのか」と聞くと、とても面白い回答が返ってきました。

「手塚治虫が今生きていたら、果たして漫画を描いているだろうかと考えました。今は、すごく簡単に映像も音楽もつくれ、クリエイションの選択肢が多い時代です。手塚治虫が生きていたら何をするかはっきりとは分かりませんが、編集者は彼を発見して世に送り出さないといけないのです」

講談社のような出版社がやってきたことは、クリエイターのパトロンのような役割も一部であり、編集者は**「天才を見つけて『ここに天才がいるぞ』と世の中に知らせること」**であったはずだと言うのです。これこそ編集者にとっての提供価値の再定義だと考えます。

　60〜70年前は漫画も新興メディアだったので、そこには「漫画もやるぞ」という事業拡張のチャレンジがあったと思われます。「ここに天才がいるぞ」を世に伝えることが仕事なのであれば、どのような種類のクリエイターであっても、「自分たちの編集能力が生かせる価値提供範囲ならば、そこまでやるべきだ」と鈴木さんは言います。

　提供価値の再定義だけでなく、対象となる行動フローやペインポイントの発見、協調領域の横串プラットフォームなど、これまでお話ししてきたエッセンスが登場する、素晴らしい事例だと思います。

　このように、知らず知らずのうちに業界や商材で視点が固定されている中、枠を取り払い、時代の環境変化に合わせて自社固有の価値を再定義することで、支援すべき顧客の成功や行動を捉え直すことができます。そうなると価値提供する領域の切り口が変わって、今とは異なる形に広がりを持つことになります。それが、クリエイターズラボにとっては「ここに天才がいるぞ、と世に伝える」という価値の再定義であり、編集能力が生かせる範囲で映画やゲームなどにも広がっていく、ということでした。このように、提供価値の再定義を通して自分たちの強みを生かした行動支援の定義が行えることで、ジャーニーシフトが可能になっていくと考えています。

5-2
視点の幅と深さで
ペインポイントを発掘する

ペインポイントの発掘はなぜ必要なのか

　ここからは、ペインポイントを発掘・発見するための新たな視点を提供していきたいと思います。

　提供価値の再定義を行うには、自分たちがどのフローを押さえる存在なのかを決定する必要があり、そのフローは何かしらペインポイントを抱えたものであることが望ましいとなります。どんなに画期的なサービスでも、成功体験が得られる行動フローを定義する必要があり、それがまさにジャーニーというべきものになります。

　「ペインポイントがなくても新たなイノベーションを生み出せるのではないか」と思う人もいるかもしれませんが、ペインポイントの発掘は広い意味では「ターゲットとする状況を見つけ出す」ことを指しているので必要です。「インターネット検索」という新しい行動でさえも、発端となっているターゲット状況があります。「事実関係を調べる」「知らない言葉の意味を知る」「最新情報を知る」といったさまざまな状況において、インターネット検索が登場する前は、自分の行動を当たり前のように思い、何なら「昔と比べて図書館が家の近くにできて便利になったな」とさえ思っていますが、「世界中のさまざまな情報に、移動せずに即座にアクセスして検索できる」というコンセプトをぶつけられると「なんだ、このとんでもないものは！」となる

わけです。自分が利用するシーンを想起できて、今との違いを理解して初めて、人は価値を感じられるのです。

インターネット検索級の発明をする人にとってはペインポイントのアプローチでなくてもいいのでしょうが、社会により良い選択肢を提示したいとか、企業の中でより時代や社会に合致したプロダクトをつくりたいと考えている人には、「ペインが発生している状況をターゲットにする」としたほうが、短期に成果を出せるようになるでしょう。

提供価値の再定義というコンセプトレベルの検討と、それを具現化した行動フローの定義は、十分なペイン探しの活動によって実現されます。特にここ2〜3年、ビジネス界はUXリサーチや文化人類学に注目しています。それは、人々の生活や社会におけるペイン探しが、ビジネスやサービスの種になるからだと思います。

「長い間見つけられていない社会に潜むペイン」は、定量的な手法ではなかなか見つけられません。大量のデータを基に、社会のとある法則を見いだすようなことはありますが、それも相当な技術力があってまれに起こる程度です。通常は、デプスインタビュー、行動観察、エスノグラフィー、ダイアリー調査など、定性的な手法を使って探します。これら定性手法についてはさまざまな書籍が出ており、本書では深く扱いません。基礎の勉強として「UX検定 基礎」などを受けるのもいいと思います。

ただ、定性手法を習得しても目的が達成されなければ意味がないですし、ある程度リサーチに慣れて習熟してくると、決まった方法を使わなくなってリサーチ手法自体を自ら開発したり、交ぜ合わせたりす

るようになります。重要なのは「ユーザーの置かれている状況を理解し、それを基に価値あるUXづくりができる」状態になることです。

どのような手法を使っても構わないので、「**当事者の気持ちですべて語ることができ、対象ユーザーと同様の判断ができるほどまで、自分自身にその感覚を染み込ませる**」ことをゴールイメージにするとよいでしょう。私のいるビービットという会社では「憑依レベル」といっており、ユーザーの考えや判断をすべて正しく代弁できるレベルになることを指します。ですので、例えばその対象となるサービスや業界の業務フローを、自分がユーザーとしてとにかく使ってみることも重要な手段になりますし、むしろそちらのほうがよりゴールイメージに近づく場合もあります。手法だけなぞらないよう、注意してください。

本書は利便性と意味性という道具を両手に持って、新たなジャーニーづくりの領域に踏み込むことを目的に置いているので、この2つの道具を最大限使えるようにするための新たな観点を提示したいと思います。それは、ペインポイントを発見するために持つべき「幅」と「深さ」の視点です。

利便性のUX向上では視点の「幅」が重要に

まず、視点の「幅」を持たせるとはどういうことかというと、以下のような観点です。

(1) 業界常識ペイン
(2) 裏側ペイン
(3) バランスペイン

これらは正式な名前があるわけではなく、識別しやすくするために私が命名しました。順に説明しますが、共通しているのは「**複数のステークホルダーの視点を持ち、それらを移動させ、関係性に着目する**」という点です。

　「(1) 業界常識ペイン」は、統一QRコードや漫画投稿サイト「DAYS NEO」のところで説明したように、業界内で争うことが当たり前とされてきたが、実は協力して協調領域化してしまうことで、コストがかからなくなるとともに市場自体が大きくなるようなものを指しています。放っておくと、それぞれの利益追求が目的化されて陣地争いのようになるため、なるべく公共的な団体（行政や協会）や強いリーダーシップを持つ人が音頭を取る必要があります。

　「(2) 裏側ペイン」は、「ユーザー側にはペインポイントはないが、それを支える仕組みに大きなペインポイントが存在する」というケースです。本書で出てきた例では、「日本では荷物の宅配においてユーザー側にさまざまな選択肢が用意されていて正直不満はないが、ユーザーとアマゾンなどのプラットフォーマーの板挟みになる宅配業者の労働環境がどんどん過酷になっていっている」というのは一つの課題でしょう。他にも、「音楽配信においてユーザー側は無料であらゆる音楽を聴けるようになっているが、トップティアではないアンダーグラウンドのミュージシャンは以前より音楽で食うのが難しくなっている」なども近しい例と言えます。

　第2章でも少し触れましたが、最近の日本のコンビニエンスストアのレジはこうした「裏側ペイン」への配慮がなされ、「行動支援の実現」にまでは至っていないものの実際に利便性が提供された例だと思いま

す。とにかく増え続ける決済方法によって、コンビニエンスストアの店員はすべてのペイメントの名前を覚え、言われたら即座にそのペイメントを立ち上げなければなりませんでした。ただでさえ宅配、行政関連の書面発行、チケット発券、光熱費の払い込みなど、多岐にわたるサービスを提供して覚えるのが大変という中、支払い方法の選択はユーザー側に向けられたディスプレーを通してユーザーに選択してもらう新たなレジ機器になっています。ユーザー側の感覚としても、慣れるとかなり早く操作できるので、いちいち決済方法を店員に伝えるよりもむしろ便利に感じられるようになりました。

「(3) バランスペイン」は、裏側ペインのように複数のステークホルダーの体験を考えたときに、このバランスを取る視点のことを指しており、往々にして「新たなソリューションをつくった後に生まれてしまう別のペインポイント」のことを言います。本書で出てきた事例で言えば、Gojekが広まるときの話がこれに該当します。サービス立ち上げ当初、中間所得層がどんどん増えているインドネシアではドライバーでお金稼ぎしたい人が大量に現れた結果、デリバリー品質が低下し、ユーザーもマーチャントも増えませんでした。この状況において、ドライバーに対する面接や教育を徹底してデリバリー品質の向上を図ったGojekのみ、ユーザーやマーチャントの登録数を増やすことができました。

ここからがバランスの視点です。配達員は、Gojekのように面接も教育も要求する厳しいサービスよりも、他社のほうが楽にお金稼ぎができるので、普通に考えればドライバーとしてGojekに入るのは面倒だと感じるでしょう。ユーザーとマーチャントのUX品質を高めた結果、ドライバー観点でのUX品質がむしろ下がって感じられてしまうわけ

です。そこでGojekが取ったのは、ドライバーに服やヘルメットを支給するという福利厚生での対応でした。その他にも、割引が受けられたり金融支援が受けられたりするというベネフィットを絶えず打ち出しており、「ちょっと面倒でも、Gojekと一緒に頑張れば生活がどんどん良くなっていく」と感じてもらい続けられるようになっています。

中国のアリババは、こうした考え方を「Holistic Experience」（ホリスティック・エクスペリエンス）、つまり「総体としての体験づくり」と呼んでいます。例えばECの場合、ユーザー、店を出す一般の店舗オーナー、大型の旗艦店を持つメジャーなブランド、荷物をユーザーに届ける配送員など、さまざまなステークホルダーがいます。当然、それぞれの満足度に大きなばらつきがありますが、ユーザーは10点満点だが配送員の満足度が2点という場合、そのエコシステムは「健康的な状態ではない」と判断し、全員等しく7点のほうがむしろ「健全な状態」とする考え方です。

意味性のUX向上では視点の「深さ」が重要に

次に、視点の「深さ」を持たせるとはどういうことかを説明します。視点は、複数のステークホルダーに合わせる必要はなく、あくまで目の前のユーザーを対象として固定します。10億人から100円ずつ集めるような新興国リープフロッグ型ではなく、10万人からそれぞれ100万円集める方法のほうが、成熟市場である日本の現状に合っているという話をしましたが、まさに「意味性の深さ」で共感を得ていくのがこの考え方になります。

第4章で書いたように、「獲得できた顧客の数」を追う思考からすると、なるべく広いマス層を狙おうとするため、「そのペインポイン

トをどれくらいの人が持っているのか」を中心に考えてしまいます。その結果、「それってマジョリティーではないよね？」「そのペインって一部の人にしか発生しませんよね？」という質問が出てきます。当然、深くて多くの人が抱えているペインを見つけることができてそれに対応できるなら、それに越したことはありません。

しかし、熱狂を生むようなジャーニーをつくれば、圧倒的に使われる状況を生み、その熱狂したファンたちが周りに広げてくれます。その意味で、深いペインをあえて狭く探りにいくことが重要になります。手法として、参考になるのは、UXリサーチの一つの手法であるエクストリームユーザー調査が挙げられます。これは特定の商品について、普通はやらないような極端な使い方をしている人を調査するもので、例えば洗顔料であれば、一切顔を洗わない人や、一日に何度も何度も、しかも違う洗顔料で顔を洗う人などがエクストリームユーザーの対象です。そういった対象から、熱狂の源泉やファン化の道筋が見えてくるかもしれません。

意外と見えていない「深さ」として、メンタルヘルスの観点が挙げられます。例えば、共働きで働く母親が「忙しくても母親らしく何とか子どもに料理を作ってあげたい」と思っている状況を想定すれば、それを解決する方法として買い物を楽にしたり、レシピを簡単にしたりすることを思いつくでしょうが、そもそも「社会や家族から『母親らしさ』を求められること自体が実は苦痛である」という部分が最大のペインの原因だったとしたらどうでしょうか。

さまざまな方法を尽くして料理づくりを楽にし、生活自体が便利になったとしても、その人の心は幸せにならないかもしれません。もし

かしたら、「とにかく便利に、生活が楽になるようにする」という方法ではなく、「面倒でもよいので、近所の人と助け合い、悩みを話すような場を増やしながらゆっくり解決される」ことのほうが、その人の心の痛みを解決できるかもしれません。利便性ではなく、意味性に目を向けていくと、こうしたメンタルヘルスや社会的圧力からの解放の視点が入り、それだけでペイン発掘に対する見方が変わります。

5-3
人々の「置かれた状況」を
理解する

　海外、特に新興国の事例を紹介すると「日本にはあまり社会ペインがないのではないか」と質問されることが多く、その質問に対して、さまざまに視点を切り替えることでペインの発掘余地がまだまだ存在することを示してきました。

　実際にUX設計をするにあたっては、ペインの源泉を捉え、「あたり」を付けることができたとしても、それだけではまだ足りません。そのペインポイントがどのように解消されてより良い体験になるのか。今回の枠組みで言えば、その負の状態からいったい「どのような成功体験が実現できるようになるのか」までを考えないと、ジャーニーづくりが始まりません。

　そのためには、もう一段踏み込んでペインの発生構造を理解する必要があるのですが、バリューチェーン的な発想でユーザー理解が進められてきた社会に最適化された方法ではなかなかうまくいきません。まずは、気を付けていただきたい重要な前提条件を2つ説明します。

前提条件①属性ターゲティングをやめて、状況ターゲティングへ

　ここで説明していることは「UXデザインやジャーニーづくりをするにあたってのユーザー理解の方法」であり、例えば広告のメッセージをつくる方法や、新規顧客を獲得するための印象づくりの方法などとは異なります。あくまで今回のゴールは**「成功体験を実現するため**

の行動支援ジャーニーをつくること」にあります。

　これを前提としたとき、まず人間を属性的に捉えることをやめ、「置かれている状況」を考える形にシフトすべきです。ターゲットを設定するときも、「30代で子どもがいる家族」という属性的な設定では不十分で、「このような状況に置かれている人」まで考える必要があります。

　行動支援の時代は、行動データを基に、顧客やユーザーのことを時間や状況レベルで理解できるため、「特定の状況が発生しているタイミングで、それに合った最適なコンテンツやコミュニケーションを提供する」ということが実現可能になりますし、Aというコンテンツやコミュニケーションを提供した後、状況はさらに変化し、そこにはBという新たな体験を提供しなければならない、といった形で、刻一刻と変化するユーザーの状況を時間軸で捉えていく必要があります。

　にもかかわらず、人々を属性的に捉えてしまうと、ユーザーの置かれている状況が刻一刻と変わるに伴って、具体的にどのように体験を提供したらよいのかが分からなくなります。属性ターゲティングはあくまでマスマーケットに向かって「瞬間的」な接点で何かを伝えたいときにしか、もはや使えないと思ってよいでしょう。ただし、状況を想像するために代表的な属性を設定することは全く問題ありません。属性を経て、状況ターゲティングに行き着くのであれば問題ない、ということになります。

　ですので、ターゲットを設定する、ユーザーを理解する、といったときにも、UXづくりをするのであれば、「状況理解」と「ターゲッ

トとなる状況の設定」を行う、と考えるのがよいでしょう。なお、この状況はほとんど「ペインポイント」と重なることが多いと思っていただいて構いません。

前提条件②心理探求型のユーザー理解から離れる

もう一つ気を付けていただきたいことがあります。これはかなりラディカルな考え方なのですが、行動や意思決定の理由を「深層心理」に求める方法も、UXづくりに適しておらず、やり方を変える必要があります。

「人間の深層心理が、願いや欲求につながり、それが人々の行動や選択や意思決定につながっていく」というのが、心理を中心に置いた人間観といえます。この人間観を前提に、「まだ満たされていないニーズや解消されていない不満」や「ユーザーが心の底で潜在的に求めているもの」といういわゆる「潜在ニーズ」を明らかにし、それをインサイトとしてUXの企画や設計をする、というのが心理探求型のUXづくりです。

本書では、人間の行動は「状況や文脈によって変わる」し、「純粋なる心の産物ではない」という立場です。心理探求型でUXをつくるのは難しく、人の行動はその瞬間に置かれている状況に大きく影響を受け、最適解はその都度変わっていくと考えています。

例えば、ビール好きな人が重要な仕事が終わって「自分にご褒美をあげたい」と思ったとしても、この後、クルマを運転するならノンアルコールビールを選ぶでしょうし、もし家族と一緒なら「自分だけそんな高いビールを飲んでも」と思ってとりあえず発泡酒などを選ぶで

しょう。重要な仕事を完遂したチームメンバーと飲むことになり、チーム最大の功労者が「シャンパンで乾杯したい」と言えば、うれしい気持ちになってビールではなく進んでシャンパンを選ぶことだってあるはずです。

　他にも「遠くにいる人と今すぐ顔を見て話したい」という抽象度であれば「誰しも持っている潜在ニーズ」のように感じるかもしれませんが、これも「遠くに話したい人がいて初めて思うこと」であり、とある村の中で完結した生活をしている何百年も前の人を現代に連れてきて、「遠くにいる人と今すぐ顔を見ながら話せますけど、使ってみますか？」と聞いたところで、驚きはするものの、使うシーンがなくて便利さが全く伝わらないのではないでしょうか。

　このように、状況や環境に応じて最適と感じる判断が変わるため、ペインポイントを探るとき、「心理をたどって、深層心理で感じていることを見つける」という方法は取るべきではないと考えています。

　また、痛みやつらさ、喜びや心地よさは定量的に測ることができず、その結果、チームでジャーニーをつくる際、「こういうつらさをこういう喜びに変える」と言っても、つらさや喜びのイメージがすり合っているかどうかは確認のしようがありません。本当は心理の動きを明らかにすることは可能で、それによって人が求めているものを解明できる時代が来るのかもしれませんが、現状では、状況や環境によっても行動や意思決定が変わり、チームで共通認識を持つことも難しい「心理」の上にUXをつくり上げることは、かなり不安定なことであると言わざるを得ないでしょう。

日本になぜジャーニーシフトが必要なのか

　この書籍の執筆を通して、デジタル後進国から脱却するために、何が最も重要なのかを、さまざまな国内外の先進事例や方法論を見ながらずっと考えています。

　他国と比べると、日本という国は「目的を設定してガバナンスをする」というやり方が苦手なように感じます。「デジタルは手段であり、目的ではないため、目的を設定すべき」「DXの目的は新たなUXの提供である」といったメッセージはあらゆるところで聞かれるようになりましたが、その「目的」自体を決めることがなかなかできず、DXというキーワードがバズワードとして落ち着いたと思ったら、新たに出てきたメタバースやWeb3に「どう使う？　どうする？」みたいになってしまっています。

　これはもはや仕方ないのではないかと思っていて、日本は島国なので地続きで隣接した国はなく、ほとんど外敵にさらされてこなかったため、「国全体で目的を1つにし、力を合わせて戦う」という必要がほとんどありませんでした。外敵に脅かされず、ゆるい環境が続いた日本は、これといった目的やゴールがなくても普通に生きてこられたため、むしろプロセスに価値を見いだしたり、自分たちの文化や自分たちらしさを追求したりする余裕があったのだろうと思います。

　その結果、これまで外国と接するといつも驚いていて、だいたいかなり出遅れているわけですが、毎度他国に差を見せつけられては外国から学び、急激なラーニングスピードで追い付いたり、独自発展したり、ということを歴史上繰り返しているように見えます。

目的やゴールよりもプロセスにこだわるというのは、「今までやってきたこと」に固執することとも言えます。日本はこの50年間、歴史上経験したことのなかった「世界有数のプレーヤー」になり、Japan As No.1 という言葉まで出てきて米国に学ばれる状態になってきた一方で、その甘い成功体験に固執してきました。しかしその成功体験も、日本が得意な「プロセスハック」によって起きていた側面が大きいのではないかと思います。

　自動車、家電、金融、小売りなど、業態や商材、サプライチェーンや製造工程がある程度決まっていて、その縦割りの枠内で役割分担ができ、その中での磨き込みやイノベーションをやらせたら天下一なのですが、あくまで「決まった枠内のプロセス」におけるハックなので、「これまでの枠組みを外して、視点を広げて、目的に合わせてさまざまな観点でフレームを変えてください」と言われると、途端に「これまでやったことがないから分からない」となったり、場合によっては「これまでやってきたことを否定するな」となったりしてしまいます。

　逆に、そのフレームさえ更新してしまえば、利便性は圧倒的なプロセスハック力で勝負できます。意味性に関しては、恐らく日本ほど強いプレーヤーはいません。プロセスにこだわれる、細部にこだわれるというのは、普通の人が価値やこだわりを感じないところに思いを燃やせるということであって、「自分たちにしか分からない価値観」をつくり出せる人たちにしかつくれないものです。だからこそ本書では、新たな環境を基に「こんなことが起きていて、こんなふうに見ることもできるよ」という視点のフレームの提示を重視しました。

　そのフレームとして「提供価値の行動支援化」というジャーニーシ

フトを最重要な視点転換であるとしているのは、やはり枠や戦場が変わり続け、状況に応じて競合の切り口が変わる「動的なもの」が、もしかしたら日本は苦手かもしれないからですし、世界がどんどんそちら側にシフトしているからです。

『アフターデジタル』発売後も、「うちの業界のアフターデジタル化事例を話してほしい」という声を大量にいただきました。そのように「自分たちの業界の事例」を求めてしまうのは、今自分たちがやっている枠にはめ込まないと理解できないからだろうと思うのですが、業界で縛られた思考をしていると負ける時代です。それは言い換えると、全く違う業界の事例を持ってくる応用力があると勝ちやすいということにもなります。それを「顧客の成功体験を実現する行動支援」という枠から考え始めてみてもらえたら、とてもうれしく思います。

「かなり出遅れている」ことを示すために東南アジアの事例から説明し、外から学ぶポイントとして社会ペイン、利便性と意味性、行動支援ジャーニーへのシフトを押し出して、新たなコンセプトとしてまとめたのが本書になります。書籍としてまとめているうちに、浜松のフーデリックスやDAYS NEOなど、書きたかったことを実際に体現している国内事例にも出合うことができ、まだまだ日本も捨てたものじゃないぞと思っています。それを加速するためにも、これからもUXドリブンな社会づくりに向けて、発信し続けていきます。

本書を手に取ってくださった方が、仲間や同志で視点をそろえるためにこの本を使っていただけたら、著者冥利に尽きます。競争領域と協調領域を皆さんと見極めながら、デジタル後進国からの早急な脱却をいち早く実現していけたらとてもうれしく思います。

巻末特別対談

深津貴之氏との対談
「画像生成AIから見る、
意味生成の在り方、企業の戦い方」

JOURNEY SHIFT
PREREQUISITES TO SURVIVING
IN THE DIGITAL SOCIETY

株式会社thaを経て、Flashコミュニティで活躍。2009年の独立以降は活動の中心をスマートフォンアプリのUI設計に移し、株式会社Art&Mobile、クリエイティブユニットTHE GUILDを設立。メディアプラットフォームnoteを運営するnote株式会社のCXOなどを務める。執筆、講演などでも精力的に活動。

THE GUILD 代表 / note CXO

深津貴之
TAKAYUKI FUKATSU

×

藤井保文
YASUFUMI FUJII

株式会社ビービット
執行役員CCO(Chief Communication Officer)
兼 東アジア営業責任者
一般社団法人UXインテリジェンス協会 事務局長

深津貴之さんは、私が尊敬するUXの専門家の一人で、近年話題の画像生成AIに関する第一人者です。本編で触れた行動実現のリアリティーやAI時代の意味性を中心にお話しをうかがい、示唆に富む意見や観点をいただきましたので、対談形式でお届けします。（敬称略）

A-1
ジャーニーシフトを
企業競争視点で捉える

藤井保文（筆者：以下、藤井）：本日はありがとうございます。早速ですが、本書では「これからの時代は企業が単体の製品やサービスではなく『ユーザーの一連の行動フローを支える』ことが価値になる」という「行動支援」という考え方を提唱しています。深津さんはどうお考えですか。

深津貴之（以下、深津）：その考え方はよく分かりますが、私は実感として、もう少しドライに捉えています。単純に「サブスクリプションのほうが稼げるからビジネスモデルを変えた」結果なのではないかという。

　つまり「製品やツールを売って終わり」という関係だと、一発で終わってしまいます。そこで継続的に課金していくには「一連の行動を支援し続ける」「斡旋し続ける」「伴走し続ける」というストーリーをつくらなければなりません。「行動支援」はそのために生まれたのかな、という印象です。

藤井：「定常的に関係構築し続けたほうがLTV（ライフタイムバリュー：顧客生涯価値）は上がるから、その仕組みをつくろう」からスタートしたということですね。

深津：だから「1．ユーザーと伴走する必要がある」「2．ユーザーと伴走するにはどうすべきか？」という順番なのかなと思います。やはりクライアントを見ていたり、インターネットを見ていたりすると、「行動支援をしよう」というのはスタート地点ではなくて、「企業として売り上げを増やすにはどうすればいいか」「シェアを取るにはどうすればいいか」がスタート地点になっているので。

藤井：企業側から見ると、サブスク型で継続的に課金するモデルに移行するには、ユーザーに長く使われる製品にしていく必要がある。その結果、行動支援型にシフトしたというわけですね。

　深津さんがおっしゃるように、日本企業は「サブスク化すると、こんなうまみがある」から入ったので、サブスク化することがゴールになってしまい、結果として「行動支援しよう」までたどり着けていないというのが問題で、現在の遅れにつながっているのかもしれません。

　もう少し真摯にユーザーと向き合い「どうやって成功体験を実現するのか」を考えていかないと、使ってもらう理由も、つながってもらう理由もつくれません。「ユーザーが使い続けてくれる理由をもうちょっと考えようよ」というのは本書の問題提起の一つなので、深津さんの感覚とは両面になっているなと思います。

深津：これって、実はソシャゲ（ソーシャルゲーム）のエンディング

がなくなったのと同じなのかなと感じています。

藤井：面白い比喩ですね。

深津：昔のゲームはちゃんとエンディングがありました。でも「エンディングを迎えたら解散」になってしまうと積み上げた顧客が全部水の泡になって、キャラクターをはじめとしたIPも一からつくり直しになるじゃないですか。だから永遠にエンディングが来ないようにしているゲームも多い。それに近い構造なのかな、と思いました。

藤井：ソシャゲがエンディングをなくしたのはビジネス都合ではありますが、意味性の差異化や特別感のようなものを連続的にユーザーに体験させています。

　でもそれだけでは、ユーザーは自分がやっていることに意味を見いだせなくなると、いつかやめてしまうかもしれません。だから『ポケモンGO』のように「歩くから健康になる」という利便性的な「機能価値」を付加するものも出てくる。

深津：確かに意味性だけでなく、利便性や機能が埋め込まれてきているケースもあるかもしれません。

A-2
画像生成AIから見る
意味性へのシフト

藤井：深津さんもUXに関する支援を企業向けにされていると思いますが、利便性から始まったサービスをサブスク化していくときに、「意味性を出していこうか」みたいな議論や「行動支援につなげていこうか」という文脈の話になることはありますか。

深津：ありますね。実質的には「UXピラミッド」を上っているということだと思うのですが（**図表A-1**）。

　「マンションポエム」ってありますよね。この言い方、私はあまり好きではないのですが、新築マンションのチラシなどに書かれているキャッチコピーのことです。あれが、「UXピラミッド」と同じ構造をしているんですね。

藤井：意外な話が出てきましたね。どういうことでしょうか。

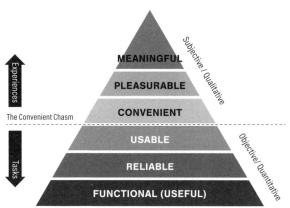

図表A-1　UXピラミッド

深津：「UXピラミッド」は、下から「機能的である（FUNCTIONAL）」「安心・安全（RELIABLE）」「使いやすい（USABLE）」「便利である（CONVENIENT）」「楽しい（PLEASURABLE）」「意義・意味がある（MEANINGFUL）」という順番で並んでいます。

実はマンションのキャッチコピーも同じで、立地のパワーで戦えるときは「駅から2分」「駅に直結」という機能的な話から入ります。でも、そのレイヤーで戦えなくなると「オートロック」とか「安心・安全」みたいな安全性の話になる。それでも競合に差をつけられないと、さらに施設や利便性の話が出てきます。つまり勝負がつかなくなるごとに、上のレイヤーに上がっていくのです。そして最終的にどうにもならなくなると「光り輝く夢の○○」のような話になる。

最近のサービスが、夢を語る「意味性の勝負」になってきたということは、逆に言うと「機能性の勝負」のレイヤーが飽和し始めているということですよね。要はGoogleもAppleもFacebookも、みんなキレイで機能もトントンで、そこで差がつかなくなっている。すると、意味とか人生の話をせざるを得なくなってくるということです。

藤井：なるほど。競争原理上の生き残り策として、「意味性に上がらざるを得ない」という圧力がどんどんかかっているというのは、実感としてもありますね。本編でも、成熟市場において意味性の重要度が増してきたり、意味が複雑なコンテクストを持つようになってきたりするということを書きました。

深津：市場の中で意味性が重要になってきたのは、市場の中でいろいろなことが飽和して勝負がつかなくなってきた、あるいは巨大資本と

勝負できる場所がそこだけになってきたということです。

藤井：そうですよね。例えばD2Cにしても、SNSによって情報発信が十分にできるプラットフォームが整い、「Shopify」や「STORES」でECサイトを誰でもつくれるようになった。そういう機能性の部分が全部そろって「何でもできます」となったときに、勝負となるのは「世界観」ですよね。だからD2Cブランドは、どこもオリジナルのストーリーや価値観を持っています。

深津：NFTだって、まだ市場があやふやで不安定な状態だったら「絶対もうかるNFT！」みたいな売り文句が出てくるはずです。今はもうそこで勝負がつかなくなっているから「持つことの幸せ」とか言い出すということですよね。

藤井：ちなみに、深津さんはクライアントとそういう会話をすることはありますか？

深津：たまにあります。キャッチコピーや売り文句の勝負をする前に「本当にできることを全部やっているのか？」をチェックリストで確認したり、「下のレイヤーで70点取れたら、上のレイヤーにも手を出しましょう」といったことを話したりします。

藤井：それは非常にリアリティーがあります。一方で、機能性と意味性の両方を積み上げて進化させていけるかというと、異なる観点もあります。

　ゲーム業界の人と意味性の話をしたら「ビジネスの人たちは、みん

な利便性をツルツルに磨いていこうとする傾向がある。でもゲームの人は、あえて利便性を欠如させて負荷をかけ、それが解決したときの喜びで差分をつくるんだよね」と言っていたのが印象的でした。

深津：クラシックカーなんかもそうですよね。すぐに壊れてしまって維持費が異常に高いけど、保有する喜びは何ものにも代えられない。

藤井：確かに、それも同じですね。

深津：「マンションのコピーの理屈」で言うと、下のレイヤーの「自動運転」や「カーナビ」「衝突安全」といった機能性では勝負できないから、より上のレイヤーにキャッチコピーをシフトさせているイメージです。

藤井：勝負ができないというのは「みんなが持っているから」ということですか？

深津：そうですね。「みんなが持っている」あるいは「自分たちの性能が劣っている」からです。

藤井：「同等、または負けている」ということですね。

深津：その通りです。基本的に機能性が強ければ「この価格でこの性能」といった形で勝負してくるわけですよね。

藤井：機能性は、できるだけ滑らかにしていったほうがユーザーは使ってくれます。一方で意味性になると、適度な摩擦は「物語」に変わる

ので、むしろユーザーが一緒に克服していくストーリーになります。

　今の話をまとめると、「世界観に対して一緒に克服していくべき物語に、どう余白をつけるのか」みたいなお話ですね。例えばイタリア車も、高馬力でエンジンを回すからこそメンテしてあげないと、それこそ高馬力を実現できないみたいな話があります。

深津：「職人が一つひとつ丁寧につくった機体だからこそデリケートなのだ」という話ですね。

藤井：もう一つ深津さんに伺いたいことがあります。利便性の話になりますが「社会ペインは、みんなで協力しないと解決できないものが増えてきた」と感じています。そこはどうお考えでしょうか。

深津：結局、さっきの「飽和する」話と一緒だと思います。つまり「私が1人で徹夜してつくって、明日リリースして世界を変える」みたいなイノベーションは、もうだいたい埋め終わってしまったんですね。だから、残っているのはやはり大規模工事になります。人がいっぱい関わるような社会課題しか残っていない。

藤井：リアリティーがありますね。

深津：昔は数日でアプリをつくって、世界を変えられましたからね。

藤井：それは深津さんだからこそ言えることですね。なるほど、整理がつきました。

深津さんのドライな視点が入って「今、起きていることはそうだけど、戦いの理論からするとこうじゃないですか？」と整理していただき、リアリティーを補完してもらったように感じています。ありがとうございます。

A-3
意味生成時代の
大企業の在り方

藤井：今だからこそ、深津さんと議論したいと思っていたことがあります。個別最適化から全体最適化に変わっていくと、最適化の難度が上がります。「複数の領域を横断し、いかにAIをトレーニングしていくか」みたいなところが大事になってくると思いますが、AIの現状を深津さんはどう見ていますか。特に深津さんは画像生成系AI*にいち早く取り組み、さまざまな実験をしています。

*画像生成系AIは、言葉を入力するだけで世の中に存在しない画像を生成してくれる新たなAIテクノロジーで、2022年下半期から急激に世の中で取り扱われ、サービス化し始めている。

深津：このまま生成系のAIが進歩していくと、ソフトウエアでもサービスでも、あらかじめ選択肢を用意しておくのではなく、**顧客が必要なときに必要なものを生成する形が主流**になるかもしれないですよね。

藤井：『アフターデジタル』共著者の尾原和啓さんは、「検索から生成へ」ということをよく言っています。つまり、検索というのはしょせん「今ある選択肢の中から一番ぴったりなものを探しているだけ」なわけですが、一方、生成は「自分の中の欲望に対して、今までにないものを提案してくれる」ものです。思っていたのと違うものを提案されても、そのズレを修正すること自体が楽しく感じるので、「遊びの中で世の中にない理想に行き着けるはず」という話をしています。

深津：それは、画像生成AIの「Stable Diffusion」を開発するStability AIのCEO、エマド・モスタークさんも同じことを言っていますね。

エマドは「Stable Diffusion」を出したときに、生成AIというのは検索のリプレースメントであると言っていました。

　検索というのは「あるものの中から、一番マッチするものを見つけてくる」ことですが、ユーザーが真に求めているのは「欲しいものを見つけてくる」ことですよね、と。

藤井：あえてこの話が本書のトピックとして語られるのが意義深いと思うのは、画像生成AIという話が、利便性・意味性という構造の中にどのように位置付けられるか、少し考える必要があるということです。「検索で何か欲しいものを見つける」というのは、今までの世界からすると、かなり便利な話だと思うのです。

　一方で、生成によって「これだ」と見つけるのは、「数多くの可能性の中から自分が見いだしている」わけで、便利と意味がやや溶けている話になっているようにも思うのです。

深津：私はこれに関しては、さっきのピラミッドの話で説明できると思っています。要は「Stable Diffusion」とか「DALL・E（ダリ）2」といった画像生成AIは出たばかりの技術なので、まだ一番下のレイヤーで勝負ができているのです。そこが機能性という話です。つまり解像度がどうとか、絵が正確に描写できるといった部分です。

　このレイヤーが終わると、次は「著作権に配慮しました」「年齢制限に配慮しました」という、より高次のレイヤーでの勝負となります。

藤井：なるほど。「安心」のレイヤーですね。

深津：その次に、「編集が簡単」とか「一度出したものを微修正できる」とか「バリエーションがいっぱいつくれる」などになります。そしてその先に、画像生成をやることの意義や意味になるのです。画像生成 AI については、まだ出たばかりだから「まだ利便性をこれから上っていくよ」というフェーズなのかなと思いますね。

　逆に、意味性からスタートしている画像生成 AI もあります。極めて雑に言えば、国内プレーヤーなどが例に挙げられます。

　画像生成 AI の CPU 性能やデータ量などでは、なかなか日本は勝てません。このままだと、日本のグラフィック資源やオタク資源が全部抜かれてしまうので「日本人による日本人のための画像 AI をつくる」みたいなストーリーが出てきます。下のレイヤーで勝てないから、上のレイヤーの「意味性」だけで勝負をかけているんですね。

藤井：尾原さんが以前それに近い事例を話していました。LINE が NAVER と組んで日本語 AI 生成の汎用モデルをつくっているのですが、例えば日本語で学習すると、「敬語でこんな話をすると違和感あるよね」といった日本人の常識が、きちんと反映されるのだそうです。

　こういう狭い領域での勝負は、そういったコンテクストをきちんと盛り込めるところが必然的に強くなるよね、という話でした。

深津：確かにそれは近い話ですね。

藤井：言語の AI で言うと、「どの言語でも同じように処理できる」という汎用モデルが登場してくると下のレイヤーでは勝てなくなるので、

「最初から意味性で戦いましょう」となる。AIの世界でもすでにそういった例が出てきていますよね。

深津：つまり「みんなでフェラーリを目指そう」みたいなことですよね。例えばファッションは人類史上、何千年もかけてこなれてきた業界だから、そういう「上のレイヤー1本勝負」みたいなプレーヤーが多いですよね。

藤井：確かに。だからこそLifeWearであるユニクロが「下のレイヤーで、規模の経済で勝ちましょう」というのが際立つし、欧州のハイブランドは「上のレイヤーで選ばれる存在になる」のを目指していて、その意味ではかなり上から下まで飽和というか、乱立しています。

　将来のイメージとしては「自分が表現したいことをいかに精緻に表現できるか」という自分の内面理解や、内面と結びつく言葉を選び出す能力が必要となるのでしょうか。そこから、「自分が紡ぎたい呪文を、正しい魔法として表現してくれるツールはどれか」という観点で選んでいくという。

深津：その通りだと思います。動物ならこのイラストレーターさん、人物ならこのイラストレーターさん、という今の仕事の頼み方に近い形になると思います。

藤井：これはよく聞かれる話だと思うのですが、クリエイターにとっての生成系AIの役割は、どのように見ていますか？

深津：クリエイターにとって「その人は何が強みなのか」という話と、

「その人が、クリエイティブの何にアイデンティティーや『好き』を持っているのか」という話によって、だいぶ変わってくると思いますね。

　例えば、その人が「絵を描く行為そのもの」が大好きであるならば、画像生成AIが出ようが出まいが何も変わりません。一方で、その人が「絵を描いてSNSで『いいね』をもらうこと」が好きだとしたならば、画像生成AIはその人のアイデンティティーを脅かすかもしれませんね。

藤井：では、そこが自分の仕事になっている人にとってはどうですか？

深津：手を動かして絵を定着させる部分を仕事にしつつ、そこに「誇りや好みを持っている人」は、AIと競合する可能性がありますよね。

　逆に絵描きさんや漫画家さんの中でも「つくりたいものをつくる」「物語をつくる」が主役であって、そのために手は動かしているけど手を動かすところはそんなにこだわりがないとか、「もっと早く描けたらいいのに」と思っている人にとっては、AIはすごい武器になるかもしれません。

藤井：クリエイターの生態系はかなり変わりそうですよね。やはり「生き残りやすい人たち」と「生き残りにくい人たち」がいるのだな、と今の話を聞いて思いました。

深津：そうですね。同じ絵を描く行為でも、どの部分に重心をかけているかで一気に変わります。「馬 vs クルマ」とか「侍 vs 鉄砲」みたいなことと同じだと思うので。

藤井：馬が好きで乗馬に美を感じていたら、引き続き持っていたり乗っていたりするけど、基本みんな移動手段だと思っているので、クルマのほうに移行しますよね。

深津：「馬で戦場を駆け抜ける」というところまでスコープが絞られていた場合は、仕事がなくなってしまうかもしれませんね。

藤井：一方で深津さんのツイートを見ていると「こういう指定をすると出したいものがうまくできる」といったノウハウが重要だとも思います。例えば画家の名前をどれだけ知っているかによって、「○○ふうの」と言えるかどうかが決まりますよね。自分が持っている引き出しによって勝負が決まってくるのではないでしょうか。

深津：それは短期の話でしょうね。AIはすぐに学習して「こんな画風もありますよ」とレコメンドを出せるようになるでしょう。

　画像生成AIについては、今はまだ昔のパンチカードでプログラミングしているような段階です。そう遠くない将来に、人間にするのと同じような指示の出し方ができるようになるとみています。

　「ここはもう少し黒くして」とか、「今新しい画像をアップロードしたんだけど、ここの部分はこのキャラに寄せてくれない？」とか。そういう人間がやっているコミュニケーションは、だいたいAIにも移植されるでしょう。

藤井：そうするとクリエイティブに関しては、急速に下のレイヤーでは差がつかなくなってきますね。上のレイヤー、つまり意味性のレイ

ヤーのところで「どうやって選ばれるか」の勝負にならざるを得なくなりますよね。

深津：それがうれしいかどうかは別として、流れとしてはそうなると思います。

藤井：好む好まざるにかかわらず、上のレイヤーで勝負しなくてはいけない時代になったときに、企業はどうやって上のレイヤーで勝負する力を磨いていくのでしょう。

　大企業は、意味性のレイヤーに行けば行くほど弱くなるように思います。人数が多くてとがった意味性を見いだせず、「市場を広く浅く見る」傾向がありますよね。

深津：とがらせるのは創業者でないと難しいですからね。

藤井：深津さんがCXOを務めている「note」にしても、ECプラットフォームの「Shopify」やノーコードでWebサイトをつくれる「Wix」にしても、意味生成のプラットフォームになっている、と解釈しています。こういう大きな陣地を張るのは、本来は大企業が取るべき戦い方なのではないかと思うのですが、どうでしょう。大企業の戦い方は他にもあるのでしょうか。

深津：ありそうな気もしますね。例えば、シンプルに出資するのも一つの方法ではないでしょうか。

藤井：なるほど。結局、意味性の勝負になると、そういうプレーヤー

を資金面や活動面で支える機能が重要になる、と。だから大企業は無理に意味性で勝負するよりも、「意味性のプレーヤーを支援する」という考え方のほうがうまくいくのかな、と。

深津：それはアリだと思います。物流とかコマースの世界なので正確には予測できないのですが、究極的に進化して究極的に流動性や生産効率が良くなっていくならば、大企業がやるべきことはAWS（アマゾン ウェブ サービス：世界最大のクラウドコンピューティングのプラットフォーム）ですから。

　例えば、「ローカルブランドの必要に応じて工場のスペースや生産ロットを提供し、オリジナル商品を作れるようにするSaaSサービス」を大きい飲料メーカーやアパレルメーカーがやるというのは、アリだと思いますね。

藤井：昔の日本では、サプライチェーンをどんどん研ぎ澄ますためにスーパーマーケットやコンビニエンスストアができてくる中、地元のユニークな商店が消えていくことがありました。

　ところが、例えばインドネシアだとパパママストアという家族経営のワルン（個人商店）が約250万店舗も残っています。そして、特にこの2〜3年で注目されているのが、いわゆるECのプレーヤーが彼らを支えるというビジネスモデルです。

　ワルンはサプライチェーンが多層化して非効率な面が大きかったのですが、ECのプレーヤーが仕入れの面倒を見ることで、ワルン効率化のプラットフォームをつくっているのです。こうして大企業がプラッ

トフォームをつくることで、地元で親しまれているワルンを支えていくという構造が、先ほどの意味生成時代の大企業の在り方とつながった気がします。

　規模は小さいけど多様な意味性を、プラットフォームで支えるようなことが必要になってくるのでしょうか。

深津：そうなってくれるといいですよね。noteはクリエイターの方々のプラットフォームを目指していますが、一方でハッシュタグやトップページの編集などさまざまな部分で、意味性を加速する設計は意識しています。

藤井：とはいえ、意味性をつくっていくためのUXって、人に伝えるのは難しい領域ですよね。

深津：チームに浸透させるのは大変で、会社の規模が大きくなるとますます難しくなります。10人のユニークな人がつくった会社でも、普通の人が90人入れば普通の会社になってしまいます。そこは課題ですね。

藤井：Facebookという凝縮性が高いコミュニティーをつくった会社が、なぜ「Horizon Worlds」*で同じことができないのか、という話ですね。マーク・ザッカーバーグが個人でやっていたときは意味性をつくれたけど、大企業になったら意味性をつくれなくなった、と。

＊ Meta（旧Facebook）がつくった仮想空間。アバターやスキン（アバターが着るコスチュームや道具など）が現実世界を模倣したリアリティーを追求している点で批判を受けるなど、ユーザー数が伸び悩んでいると言われている。

深津：VR空間は制約条件がないことが価値なのに、リアルをコピーしたら制約条件をそのままVRに持ち込むことになってしまい、それは非常に厳しい。もったいないと思いますね。

藤井：逆に言うと、大企業も1回リセットするなり小規模にするなり、そういうトライアルをすることが必要かもしれませんね。

深津：そのへんはいろいろヒントがありそうです。

藤井：結局今のFacebookが「意味性のプレーヤー」ではなく、「利便性のプレーヤー」だったとすると、そもそも企業規模と意味性の両立は簡単ではないということなんでしょうか。創業社長みたいに、強い意見とリーダーシップを持ってみんなを動かせる人だったら意味性をつくれるということなのか、あるいは、意味というのはどうしても共有する難度が高いから、やはり規模が大きいと意味性は基本つくれないのか？

深津：そういう意味だと「10億人に共通した意味をつくる」というのは非常に難しいでしょうね。

藤井：そうですよね。メタバースにしても、「フォートナイト」みたいなスタイルが好きな人もいれば、「BAYC（ボアードエイプ）」が好きな人もいれば、「マインクラフト」が好きな人もいるという。いろいろな意味性を、いかに1つのプラットフォームの中に選択肢として用意できるかが課題なのかもしれません。

　画像生成AIを軸に意味性がどんどん膨らんでいく中、小さい規模

であれば、意味性でどんどん勝負していける可能性が増えている。一方で大企業の観点からすると、人々が意味性を生み出すことを支援するようなインフラやプラットフォーマーになっていく道筋が重要なのでは、という示唆がクリアに描けました。深津さん、貴重なお話、ありがとうございました。

おわりに

　本書を世に出せたのは、さまざまな縁が最終的に合流した結果であると、改めて感じています。少し私事も入りますが、感謝も含めてそのあたりを書くことができればと。

　『アフターデジタル』執筆から、3年と9カ月がたちました。発売直後、世界はコロナ禍に見舞われ、DXブームが押し寄せました。

　執筆当初、上海を拠点としていた私も、移動の制限や時折エリア限定のロックダウンが起こる上海にいると仕事がしにくく、コロナ以降は年に1度上海に戻りはしますが、一年のうち10カ月は日本にいるようになりました。同時に、中国全体が規制モードになり、2019年以降はあまり目新しいサービスやイノベーションが見られなくなってきました。

　この期間、私はとにかくUX志向のDXを広めようとまい進していて、『アフターデジタル2』『UXグロースモデル』『アフターデジタルセッションズ』という書籍を毎年立て続けに発売したり、「UXインテリジェンス協会」（通称UXIA）という一般社団法人を立ち上げて仲間を募ったり、「UX検定 基礎」というUX入門者向けの資格試験をつくったり、さまざまな活動をしてきました。『アフターデジタルセッションズ』はL&UX（エルアンドユーエックス）というビービット社主催のUXフェスでの内容を収録した書籍で、フェスには本書で登場する方がたくさん登壇しています。フィンランドMaaS Global社のサンポ・ヒエタネンさんや、Genies社のアカッシュ・ニガムさんはもちろんのこと、

Gojekのプロダクト責任者であるアビニット・ティワリさん、巻末特別対談の深津貴之さんにも登場いただきました。世界各地のリーダーからのお言葉がなければ、書籍に深みを与えることができなかったと思い、心から感謝しています。

　UXIA（協会）とUX検定は、自分一人やビービットだけではできない大きな社会的な活動にしたい、と考えて肝いりでつくったものです。今回例に取り上げた浜松市の話や、講談社クリエイターズラボの話は、いずれも協会の中で事例として取り上げさせていただいたもので、お話ししてくださった方々、一緒に議論してくださった皆さんとこれからもUXで社会ペインを解決する活動をしていけたらと思っています。協会はまだ企業会員しか募集できていませんが、検定は一般公開しています。UXに興味がある方は、ぜひ一度調べてみてください。

　たくさんの賛同者や仲間が増えたと思いますが、一方で、いよいよ「日本に期待感を持てなくなっている」と感じる人も増えているように思います。

　海外渡航が少しずつ戻り始めた2022年、IGPIシンガポールの取締役CEO坂田幸樹さんに連れられて、インドネシアとシンガポールの視察を敢行したところ、デジタルとリアルを組み合わせた試行錯誤で社会ペインの解決に挑戦し、人々の暮らしをそのままにしながらアップデートする温かい社会DXに驚かされました。本書の第1章は、坂田さんと一緒にインドネシアを回っていないとできませんでした。新たな視点をくださったことに、心から感謝いたします。

　期待感が持てなくなっている日本だからこそ、人々の生活や社会を

中心に置き、社会ペインを共助や協調領域で解決するようなインドネシアから学べることが大きいのではと感じ、「インドネシアといえば、確か尾原さんバリに住んでたよ……」と思い、議論していたところ、「Web3とOMOが変えるUX中心社会、善意と推しと貢献の経済が実経済を呑み込む」というワードが出てきて、一気に書籍化が決まり、執筆協力をお願いしました。同時にライターの出雲井亨さんに参加いただいて、3人で本書をつくったのです。

「行動支援」という言葉は、2つの流れから生まれています。

私のいるビービットでは、「結局のところ、人の成功を強力に支えられることこそがUXの本質なのではないか」という議論がされてきました。『UXグロースモデル』では、特に私の同期でもある小城崇がこれを表現しようと書き扱き、「一連の行動フローを支援する」ことこそUXの力だとしました。

同時に、黒鳥社のコンテンツディレクター若林恵さんと以前から対話を重ねる中で、「結局、ユーザーがどんな行動を取れるようになっているかという、行動の選択肢が増えていないと、価値として成立してないんだよな」といった趣旨の発言をされており、その瞬間に私の中で2つが結びつき、「行動支援の時代」という言葉が浮かんできました。

このように書くと、「藤井さん、編集しただけじゃないですか」と言われてしまうかもしれませんが、正直そうかもしれません。周りの方々に引き上げていただいて、それをひたすら言語化し、世の中はこうなっているのではないか、こういう考え方を軸に置けばもっと生き

やすくなるのではないか、ということをひたすら考えてきました。その結果生まれたのが「ジャーニーシフト」なのだと思います。だからこそ、社会に還元し、社会UXの向上に寄与したいのです。

　いつも支えてくれるビービットのメンバーのおかげで、新たなUXの知識、事例、方法論が生み出され続けています。支えてくれているという意味では、特に私のチーム、マーケットクリエーションオフィスの面々に感謝を。また、視点と分析力が最高な妻がゴールデンウィークに「家庭内NFT合宿」を断行してくれなければ、本作で語れるレベルになっていなかっただろうと思います。いつも刺激と安定の両方を与えてくれるパートナーに特別な感謝を。

　本書を手に取ってくださり、ありがとうございました。活動や発信に関心のある方、私が発信において一番力を入れているニュースレター「AFTER DIGITAL Inspiration Letter」をぜひご覧ください。一緒に社会UXの向上を手伝ってくれる仲間の募集や、会員限定のクローズドな最新理論説明会などもあります。ジャーニーシフトするUX中心社会に向けて、引き続き頑張ってまいります。一緒に社会UXの向上を目指していただけたら、とてもうれしく思います。

著者プロフィル

藤井保文 (ふじい・やすふみ)

株式会社ビービット
執行役員CCO (Chief Communication Officer) 兼 東アジア営業責任者
一般社団法人UXインテリジェンス協会 事務局長

東京大学大学院 情報学環・学際情報学府修士課程修了。上海・台北・東京を拠点に活動。
国内外のUX思想を探究すると同時に、実践者として企業の経営者や政府へのアドバイザリーに取り組む。政府の有識者会議、FIN/SUM、G1経営者会議など「アフターデジタル」に関する講演多数。
上海・台北での研究成果として、2018年に『平安保険グループの衝撃 - 顧客志向NPS経営のベストプラクティス』を監修。
累計22万部のベストセラーである『アフターデジタル』シリーズでは、これからの時代を生き抜くために、日本企業が取るべきアクションや、DXのあるべき姿を提示。「DXの目的は新たなUXの提供である」というコンセプトを世に広める。
アドバイザリーでは小売、金融、メーカー、インフラなどの様々な企業において、UX/DXから経営やビジネスモデル、顧客価値を抜本変革する取り組みに関わる。AI (人工知能) やスマートシティー、メディアや文化の専門家とも意見を交わし、人と社会の新しい在り方を模索し続けている。個人活動として、音楽の制作・演奏や海外アーティストのミュージックビデオ制作にも携わる。

ジャーニーシフト
デジタル社会を生き抜く前提条件

2022年12月19日　第1版第1刷発行

著　　　者	藤井保文
執筆協力	出雲井亨、尾原和啓
発行者	戸川尚樹
発　　　行	株式会社日経BP
発　　　売	株式会社日経BPマーケティング
	〒105-8308　東京都港区虎ノ門4-3-12
カバーデザイン	松上素子 (ビービット)
制　　　作	マップス
編　　　集	松山貴之
印刷・製本	大日本印刷

ISBN978-4-296-20126-6　　Printed in Japan